JN064830

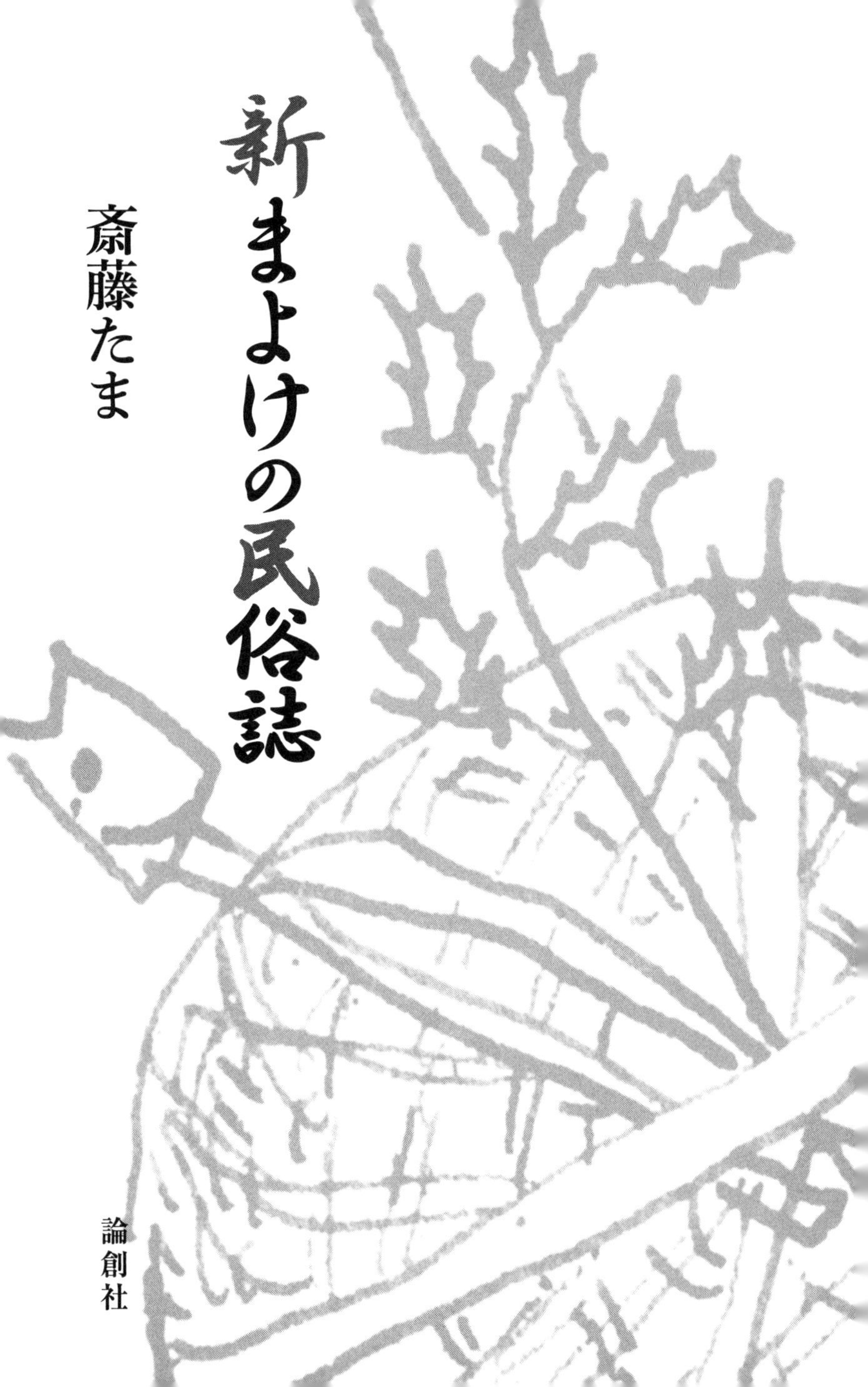
新まよけの民俗誌
斎藤たま
論創社

目次

一　赤ちゃん　7
赤ちゃん　8
灸　13
初誕生　18
首飾り　23
唾　27
いわい　33
きょうつかきょうつか　36

二　泣く　41
泣く　42
笑う　46
胴上げ　49
息つき竹　52
花火　56

三　目籠　59
目籠　60
網　63
臼　66
箕　70
扇　74
弓矢　78
風よけの鎌　82

四　小豆餅　87
小豆餅　88
サフラン　93
ベンガラ　97
ホヤ　102
蟹　103

五　生ぐさ　107
生ぐさ　108
まよけの山椒　112
線香　115
酒　120
サイカチ　124
イカ　128

六　正月　135
いわい棒　136
削り掛け　140
松　145
かち栗　149
せっく　153
藁馬　157
針供養　163

七　衣　167

衣重ねる　168
綿帽子　173
湯まき　177
前掛け　181
かぶり物　184

八　口つけて飲まぬ　191

口つけて飲まぬ　192
豆（一）　196
豆（二）　200
豆腐　203
敷居　208
三角　213
ノブドウ　217

一　赤ちゃん

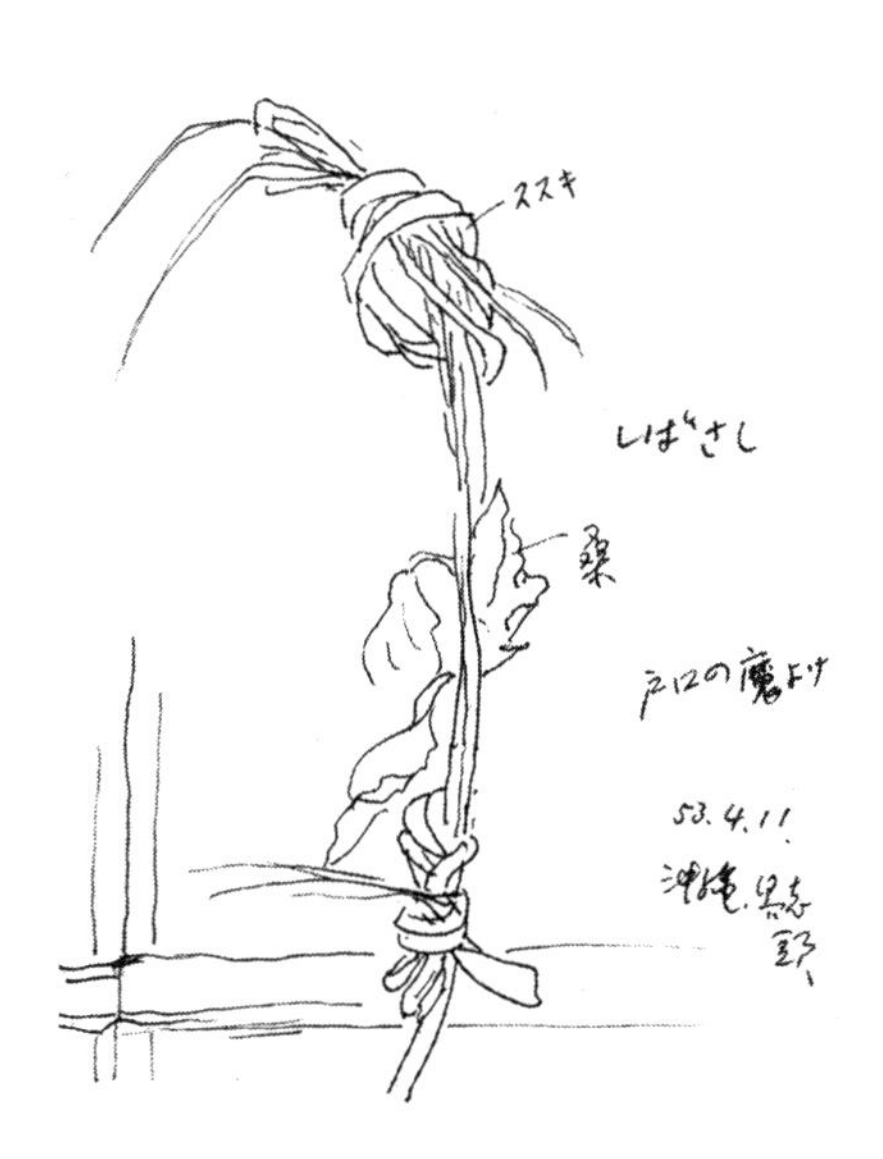

赤ちゃん

子どもの遊びを聞いてみたいと旅をはじめるようになった二年後の昭和四八年には、やや長い東北の旅をした。秋田と岩手の山間の内陸部を北上し、海に突きあたった津軽で逆戻りし、日本海側を疎く南下するコースだった。

その津軽で、赤子をビッキということを知った。ビッキは蛙のことである。

「どこそこでビッキもたど」

といえば、

「男ビッキか、女ビッキか」

という。

また、それと同じ意味で、南津軽の大鰐町唐牛（かろうじ）などではモッケともいう。子守をカデルというので

「モッケをかでる」などという。

さらにまたモッケ地帯の北津軽の中里町や車力村（しゃりきむら）では、ガニコ（蟹コ）というとも教えられた。

「這ってあるくから」だと。

これは秋田になっても同様で、北部の鷹巣町小田や比内町板戸ではモッケ、男鹿や秋田市泉ではビッキ、「学校さビッキおぶってった」という。

これは後年聞いたことであるけれど、青森県八戸市是川館前の古戸さよさんによれば、ビッキはいづこ（いづめ）の内ぐらいの子の呼び名で、男女共通だとのことだった。

最初に右を耳にした時、私は少なからず嫌な気持になったのである。何という粗末なことばづかいであろうか、東北人は、これは私も東北人だからいうのではあるけれど、暮らしぶりも未開人、数あることばも使いきれずに口を閉ざしてしまうようにいわれているものだから、子どもを例えるにも粗しい発想をして、それを面白がって笑って話すことにもなるのだろう。

ところが、これより数年して渡った奄美諸島や、沖縄ではまだまだひどいのであった。「糞」といい、「糞くされ」というのである。

「くそくされまーグヮが出来た」（沖永良部島屋子母）

「あんし（こんなに）くす生れそーちゃ」（沖縄・東村平良）

「くすくされ生れちょん」（沖縄・名護市汀間）

これらは生れ子ばかりではない。大宜味村田嘉里の仲原秀さんがいっていたが、一歳ぐらいまでの子に「くすくすまーりそんや（可愛いね）」というのだと。

他にも「やんかー（汚い）わらび」（与論島立長）とか、「はごさんクヮックヮ」といういい方がある。子どもはお墓に近いといい、そういわなければ、「ぐそうんちゅ（あの世の人）の取いに来る」という。

島の人たちは子どもを中にし、その両手、両足を引き合うようにして、あの世の者との奪い合いを演じているのだった。

その二年後に北海道に行った。アイヌの人も、これとほとんど同じだった。名前を呼ばずに赤子や幼児は「糞ついている」の意味の「シュウスペ」（近文）、「シコテイネ」（静内）とか「シーウシ（浦河）などと呼ぶのだった。

ここにおいて気づかずにいることが難しいであろう。東北で子どもをビッキ、モッケ、ガニコと呼んだのは、野蛮な命名方でも、どうでもいいという粗末な思いつきでもなかったのである。

世にもっぱら行われる「赤ちゃん」の名も右の伝でいうなら、ひょっとして「あか（垢）子」、「あか（垢）ちゃん」だったかも知れないのである。

広辞苑などを見てみると、

「アカンボウ――体が赤みがかっているからいう」

と出ている。

でもそんなに赤かったかしら。そりゃあ彼らは泣くのが仕事のようで、泣く蛙は全身を使って力を振りしぼるのだから赤みも帯びるだろうが、普段はそう赤いとは思われない。

一方、現代（いま）の子育てのように清潔に心されているのと違って、以前の子どもは垢にまみれていた。「垢ちゃん」になる資格は充分に持っていたのである。

それがどのくらい名にしおうものだったか、八戸市是川の古戸さよさんのことは前に紹介している、この人からも様子うかがっていた。

「昔、子ども湯に入れること稀、入れても頭いじんないもんだといって、頭は垢で板菓子みたいになっていた。一〇歳ぐらいまで、人によっては六年生までもそんな頭していた」

八戸市妻ノ神、明治四三年生れの林崎よしえさんは、

「生れた日サントの水といだ白水で、あと七日ぐらいに浴びせるだけで毎日など入れぬ。昔の子まなぐのまわりとかこのげなどアカでいっぱいでらちなかった。まなぐだけピカピカしている。顔中アカだった。産室から七〇日位出さない。その位産婦養生した」

これより岩手側に入って、最初の村が軽米町（かるまいまち）である。

ここの円子（まるこ）で、村に入って最初の家で坂元タカさん（明治三八年生れ）と、客に寄っていた泉山タキさん（大正三年生れ）の話してくれるのも同じだ。

「生れた時のアカッコ（垢っコ）落せばよくない、頭に手やるとよくないなどいう。無理に取ればガンベエ（髪が抜けてテカテカする）になるという。どの子にもぱかっと取れる位垢ついていた。生れ子も二週間に一回ぐらいしか湯浴みさせない。風呂に入れるのは二、三歳から」

海の傍に出て、野田町新山でも、麦かちしていた婦人が、

「アカつくぐらい丈夫なだ」

と教えた。

以前は風呂そのものも少なかった。前の是川のさよさんもいっていたが、この人の子どもの頃、五〇何軒の部落で、風呂ある家は四、五軒だった。

しかし、それで湯浴みさせなかったわけではおそらくないのだ。「糞ついたもの」、「糞くされ」といったように、きたない、汚れた垢の覆いで、子どものまわりを包み囲いたかったのであろう。

生れ子に対しては、わざと手を通す衣を着せなかったり、赤子は何枚も覆いを欲しがるといって、隠すように上からものをかぶせてみたり、手足を動かさぬよう、生き物とも見えないようにしばってみたり、競争相手を出し抜くための策を弄しているらしいのである。

「赤ん坊」ばかりでなく、地方には子どもをさしての別の呼び名もある。代表して一つだけ挙げれば、敦賀市立石の男児をいう、ボーに、女児をいう、ビーなど。

浜上ステさんによると、学校に行く前ぐらいまでは名前を呼ばずにたいていこれですます。

「あのビー」とか「ぼーや」とかいう。

ステさんの家には、四、五歳のボーと、二歳ぐらいのビーがいる。そのボーに対しておじいさんが

「ビーはどうした」などといっている。

ただちには解らないが、こうした子どもの呼び名には、垢や、糞のついたものに類する名称もあるのであろう。

灸

灸を打つ人のことは何度か見ているけれど、私自身はまともにやったことがない。あれも人によっては、体が軽くなるなど応えられないものらしい。熊本の益城町(ましきまち)赤井では、八月の百姓仕事が終った頃、女衆だけで集まって灸のすえ合いをするのだと語っていた。

だが、生れたばかりの子どもにも灸を据えるというには驚いた。福井県小浜市犬熊(いのくま)の山下きいさんがいう。

「生れてうぶ湯つかわした後から三日間、毎日チリアケに三つ灸たてる。子キューと泣く。今でもその跡ある。物心ついてからは立てた覚えない。自分の子にも姑がみな立ててくれた、夫の背にもある」

チリアケは、背骨の上から三つめぐらいのところだ。「キューと泣く」とは、これは赤子に同情する。

この北隣には三方(みかた)半島があり、そこの先端、海山(うみやま)で西村とめさんもいう。

「三日目、カミタテの日、チリアケに米粒の半分ぐらいの灸を三火(みひ)立てる（同じところに三回）、目にチリ（目ヤニ）が来んで大変にいい。大人も疲れた時チリアケに灸すると大したいい」

この習い、なかなかどうして広いのである。島根の柿ノ木村福川で私は圓通寺さんに世話になった。その先代の奥さんは山口県玖珂郡（くがぐん）の出で、後妻に入ったとのことだったが、彼女も話してくれた。

「生れて、湯で洗って抱いたら、頭のてっぺん、ギリギリに灸を据える。こうすればちり（ひきつけ）をひかん。自分の子三人目が男だったのに、夫がまたちりをひくと心配すると、ひきあげ婆さん、それにはよい方法があるといって上をした。頭が悪くなるのではと心配したが、かえって他の子よりもよい。その婆さん、私の子三人か四人据えたが、おとんぼは据えざった。そうしたら死んだ。今の和尚にも据えた」

同じ村菅原でも七夜に灸据える。ちりひかんでいいというから、この辺にも広まっている風と思われる。

「ちりけをひく」という一般にひきつけを起した折には、灸の活用もあるのだ。

島根県仁多町（にたちょう）の上阿井（かみあい）で、一人のお婆さんはチリケと教えたが、話の中ではツリケとばかり出る。

「眠っていて手足ふるわすような時とか、眠っていておべた（恐れた）ような時、またひきつけた時、足の中指と人差指の股のところに灸をすえてやる。ツリケ出して息しなくなった時でも、灸すえれば泣く」

病気の折の灸ならまだそうする理由もわかるのだ。平田市地合の一婦人も、ひきつけはフサグといってこんなに話していた。

「子ふさぐと灸すえる。ふさいだ時には息出来んだけん、夫の兄さんちりけどこに直径三センチのやけ跡あった。なかなか気がつかないで大きな灸すえた。ふさぐような子には灸がいい」

ふさぐような時には、灸も有効と考えられたかも知れないが、生れたばかりの子には果してそれが必要だったのだろうか。

生れ子の災難はしかし、これ一事だけではなかったのである。体を傷つけて血を出すことも行われる。岐阜の久瀬（くぜ）村津汲（つくみ）では、人々の集まっているところで聞いた。生れ子は破傷風であろうか、ツマミ（桑実）色や黒くなって死んだそうで、そういうのはくさがまいたといった。

「生れ子、くさが起ているか知らんでといって、腰をカミソリで浅く切り血を出す。私の子六人全部切った」

こういうのはちえさん。

「生れ子くさがまいたといい、黒くなって死ぬ。お湯使ったごて切った。カミソリの先でちょっとはねるだ、真っ黒い血出る。うちの子にはみな傷跡がある。三つの子くさまいて死んだ」

これはなみのさんである。

こうした荒治療はもちろん男がやるのであろう。なみのさんの夫の涼喜さんの話には、そのやり方も示される。

「赤子は死ぬとじき黒くなる。そういうのを見て、これはくさがまいたといいけないからといって、また腹痛で泣くのだといって子の腰を切った。片膝の上に押えつけて、細腰のところ、骨の外れたところを片手でつまんでカミソリでちょっとはねた。子が泣くと、腹痛いのだから、腰はねたり、腰はねたりと爺・婆がよくいった」

もちろんこれも病気の折には堂々と顔を出すのであり、愛媛・三崎半島三崎では、子など高熱の折、カミソリで背中をしばらくの丈にわたって打ち血を出す。皮が切れて血が出るばかりの打ち方、子どもいきもしないようになったのを、これをしていいきもどったのもいたなどと語る。

奈良の十津川村山天(やまてん)では、昭和一〇年生れというゆり子さんにうかがったが、ここでは、かんの虫が強い時という。

「かんの虫の強い時（激しく泣き、ひきつけるごとくなる）、背中ひくといって、カミソリ先だけ残して紙巻いたので背骨の両側ちゃっちゃっと左右に幾つも切る。黒い血出る。紙でふいて薬でも塗っておく。三つなるぐらいまで一、二度。自分の子三人、みなやった」

病気の折は別として、生れたばかりの子に灸を据えたり、傷つけて血を出したりする必要があるのだろうか。

生れ子は、禊(みそぎ)と思われる湯浴びせからはじまって、蕗根(ふきね)などの世にも苦い汁を飲まされたり、塩をなめさせられたり、ボロに包まれ、荷物のようにくくられ置かれたり、まよけの金物が敷かれたり、まよけの性ある米や小豆が枕元に据えられたり、小豆飯が焚かれ、赤い衣に身を包まれ、額には赤い紅や、火の残した鍋墨が塗られ、まよけの石が身近につき付けられたりする。

どうやら親たちは、子どもの身から何かと祓い落そうと躍起になっているのである。自分たちの子であることは解っている。だが半分はカミの子、鬼の子である心配がすて切れない。日頃から母たちは、赤い色でまよけの腰巻などで腰を守っているのだが、いつ何時、これらが入り込まないとも限らないのである。

その心配は初誕生まで続き、やれ歯が早く生えるのを鬼子といっておそれ、初誕生まで歩く子を異常の力の備わりある可能性ありと見てまよけの米や餅を背負わして、箒で祓って鬼子の部分を逐い出すのだ。生れ子に灸を据えたり、切って血を出す仕業もこの一環ではなかったのか。じっさいに火をつけ、刃物で切りつけるのでは、いくらしつこく居すわろうとしている相手も跳んで出てしまうのではなかろうか。てんで問題にしていなかった、灸を焼く時のまじない詞なども、俄にこちらを圧倒してくる。沖縄の大宜味村田嘉里の秀さんに教わったのであるが、ヤツ（灸）をやる時と、やってからのまじないがある。

火(び)んしゃん　時んしゃん
ちーん焼かん　肉(しし)や焼かん
病(やんめる)　焼くんで

終って、
　やっちゃ　ししん
　やんめ（病）や　むっちはり

前にもいうとおり、大して重要視していないこちらは、訳も納得いかないまま書き止めている。話者のいうことでは「火んしゃん、時んしゃん」、しゃんは「知らぬ」、「ちーん」は布だとのことであった。それはとも角、最後に「病やむっちはり（持って行け）」といっているのである。

初誕生

いやはや、世相の変わりようの早さには、馳け足しても追い掛けが適わない気がする。たとえば誕生日のいわいである。今日は私の、または母の誕生日だからいわって欲しいとの電話やＦＡＸがラジオなどに舞い込む。一年に一度は誰にでもあるのだから、受ける方も大変だろうが、聞く方もくたびれる。

前はこんなではなかったのだ。若い読者にはこういっても何だからいうが、私の子どもの頃、誕生日などといってもらったことがない。これは誰もそうしたことでは同じだろう。それが昨今の誕生日いわいになった訳である。

たしかに、はじめての誕生日はいわいがなされた。だがパタパタと歩いた子にだけであり、歩かない子にはそれまでと同じにいわいも何もしないのであった。今の子は発育も早い。誕生前に立ったり歩いたりする子は多いだろうが、前はいづめに入れたり、手脚を動かさぬようにしばったりで、誕生前に歩く子はまれであった。

何でこんなことをするかといえば、発育の速いのを喜ばないのだ。人並み以上に育ちがいいのは、「鬼子」といって恐れるのである。歯の生え方の速いのなどもそのとおりで、生れた時にすでに歯が生えているなども、昔は鬼子といって仕末したのに違いない。今でも、まんじゅうに歯型をつけて川に流すとか、藁人形にその子の着物を着せて海に流すとかするのを見るとそうも思われるのだ。

魂と一つ世界に生きる人たちにとって、生れ出た子は果して自分の子かどうかわからない。他の魂（神といってもいい）の入りこんだものではないと、確信が持てないのである。それだから子が生れ落ちたとたんから思いつく限りの祓いごとを尽くしたのだが、その最後にも、こんな試練の時を作り、まぬかれたほとんどの親には安堵を与え、たまに歩いた子がいても、こうした祓いごとを施し、「鬼子」の部分はなくなったと、これまた安寧を得るのである。

どうしてそのようにはっきりものをいうかといえば、先にもちょっと触れたが、箕（み）が現れることで、箕の中に立たせたり、坐らせたり、箕の中の餅を踏ましたりするのだ。箕がよけごとの道具の一つなこと、後項「箕」で見るごとくである。

さて、当日の行事にはいま一つ、こういうのがある。箕に餅を負った子を坐らせ、傍に、物差し、はさみ、そろばん、などを置き、子どもがいちばんはじめに取ったのは、つまり、物差しをとったら、それを使う者に、そろばんを取ったら商人になると、将来を占うという。

これは占いではあるまい。将来のたつきを占って、華やかに子の人となった後の姿を楽しむというのではあるまい。これらもまよけの品々なのでなかろうか。

箕を持ち出した。まよけと覚しき餅を、また米を持ち出した。しかし親たちはこれでも安心しきれない。可能性のあるまよけの品何もかにもその場に立ち合わせることになった。

この時の親たちは、少々なり振りかまわないのである。生れ立ちや日の浅い時と違って、一年もたつ間にはわが子として育てる人情も、また損得もにわかに見えてくるのであろうか。少しでも効果あると目される祓いものを掻き集めることになったのだろう。

これは初誕生の折ではないが、壱岐の芦辺町八幡で、智恵の早すぎる子には肥柄杓（こえびしゃく）を担がせるのだと聞いて笑ったことがある。クシャミに「糞くらえ」というごとく、糞や便所はまよけである。おそらく鼻持ちならない汚さや臭さによるのだろうけれど、肥柄杓でまだ良かった。彼らの意気ごみでは、子の体全体に糞もまぶしかねないのである。

ここに持ち出される品は、前にもいうとおり、はさみや物差し、そろばん、筆箱などで、例は少ないがこれらもまよけの品物なことはいうことが易いのである。

まず「物差し」。子の夜泣き、また「外道がさばっとる」と拝み屋さんにいわれた時とか、狐つきに床の下に物差しをしかせる。また子を生む時、難産や、後産のとどこおる時とか、後腹病みになどに敷かせる。目の多くあるのがいいといって曲がり尺を置くところもあるのだから、節分の目籠やまた網などのように、連続模様が買われているのだろう。

その意味では棒秤(ぼうばかり)などもそのとおりで、兵庫県香住町下浜(かすみちょうしものはま)では、子の初誕生に餅を二つ負わし、女は物差し、男ならチギ（棒秤）を杖にして立たすのである。

杖もただに歩行を助ける用にだけのものではなくて、一人の連れ人のような役に使われている。元はまよけだった節があるが、こうしてまよけの品を身に添わしたがっているのだ。

次いでソロバン。

落語の「御神酒(みき)徳利」はソロバンで八卦を打つ。自分のかくした大事な徳利を白状出来ずに、ソロバンを打って八卦で知らせる筋だが、演者の口音がパチパチいうのが印象的だ。

こうしたソロバンを使う八卦を私たちが何の抵抗もなく受取っているというのは、昔からこの方法があったことを意味していよう。青森県南郷村狄館(えんだて)のかよさんの父親はソロバン使って八卦をおいていた。ソロバンは、普通のものと玉の位置などが違うようだったと語っていた。

あのソロバンの、玉と玉のぶっつかる音は小さい道具なのに高くて、人の耳を打ち叩かないでいれない。音もまよけだったことは折に触れていって来たと思うが、仏下ろしをするイタコが弓の弦をブンブンいわせて事をするように、まわりを打ち祓うこうした音で迷惑なものらを退けねば、先祖や肉親の霊は下りて来れないようなのである。これの大きい拍子木などはもっと派手に打ち叩かれる。ソロバンの起りは、計算器のそれとよりは、こうした占いや呪いの具が先だったかも知れないのである。

「はさみ」や「蔵の鍵」などはもちろん、火よりも強い「金物」としての意味があるのであろう。

鳥取県日南町大菅で、亀代さんの誕生餅のやり方はこんなだった。

「誕生袋というものを縫い、二升餅に米と物差し、はさみ、そろばん等の道具入れ、女なら父親の帯で、男なら母親の帯で背負わす。自分の子一人歩いたのがいたが、すぐ誕生日が来る時だったので、餅はつかなかった」

まるで弁慶の七ツ道具のように、お祓いの品々を子の身につきつけておきたかったのである。

首飾り

ジュズダマはほんとうに美しい。これを見たなら誰でも手に取り、手にしたら持ち帰らずにいられない。天然の与えた出来上がった玩具のようだ。上薬の利いた焼きものの如き艶と光を持ち、白から青色じみたのから、まだらから灰色、黒色と色もふんだんで美しいばかりでなく堅い。隠岐の海士（あま）村東ではこれをイシダマと呼んでいたが、その気持もわかるというもの。それに中には髄が通っているというのだから、花を貫（ぬ）くように糸で継いで首飾りや腕飾りが出来る。ぶっつかれば骨あるもののように貝のそれの如き音も立てるのだ。それでどこでもこれは女の子のもて遊び品となり、糸で貫いたのが数珠（じゅず）だというので、全国的にジュズダマ、ズンダマ、ジシダマと名があるわけである。

ところで、このジュズダマの首飾りは、病気の時になおつけられたらしい。

比嘉春潮さんの「翁長旧事談」に次の項がある。明治の中頃、島には天然痘がはやったそうで、その折のことである。

「まず子どもたちはシシ玉（ジュズダマ）を糸に貫いて数珠に作り、首にかけた。シシダマは平常でも子どもたちの首飾りとするのであるが、この時はほとんど全部がこれをかけた。この首飾りには更にウーオー（硫黄に似て赤味を帯び、硫黄よりも硬いもの）や、寺から貰って来た符札（ふーふだ）など入れた赤い小袋を付けた。硫黄はまた細粉にして小児が外出の時など額につけてやった」

平常は略されているものでも、病気など大事にいたる時にはたちまちに復活するのだ。

沖縄より東の奄美諸島は、時によってより古風さ残すものであるけれど、恵原義盛さんの『奄美生活誌』には、図と共にこう見える。

「はとむぎ（ジュズ玉のこと、ママ）をシシンダマといいます。これでは女の子のホゾと称するお守り袋の飾りを作ります。ホゾは玩具よりは信仰的なものですが、昔は女の子は七つになるまでは必ずホゾを前にぶら下げて遊ぶのでした」

一度だけお目にかかったことのある恵原さんは、この本で「昔」とは明治維新前か明治時代と断わっているから、ここにある常にホゾを前にぶら下げていたのはその頃のことであろうか。

私が聞いたのはすでに行事の例となっていて、奄美諸島のいちばん西端の与論島では、六月一五日のシバサシに、ギシキ（ススキ）を屋根のゆるいに挿し、子どもにはシダマ（ジュズダマ）やタマガマ（ガラス玉）などを継いで首に佩（は）き、手首に巻くのだった。

「シバサシど、タマ佩きよ」

また、

「シダマ貫（ぬ）ち佩（ぱ）かん」

といって。

シバサシとは、まよけにされているススキを、屋根のぐるりや、敷地にさしてまわるという、大和でいえば五月節句のようなお祓いの日であろうか。

まつりの日に首に巻き、病気の時や、毎日にもお守りを飾り、ぶら下げたジュズダマの首飾りがただの胸を飾るものではなく、何かの悪いものを締め出すてだてだった、ひいては由来が知れるともいうものであろう。だが、これよりもっと原始的と思われる、首飾りがあるのである。

同じく奄美諸島の、いちばん東の喜界島では、やはりシバサシはドゥシチャア（ススキ）を三本しばったのを家々や屋敷にさし、そしてこの日、桑の皮をはいだのを、臼や杵、馬の首や、子どもの手足首に巻いたというのだった。

これはこの諸島一帯に広くあるのだろう。間に奄美大島をはさんだ加計呂麻島でも、

「シバサシ、子の手首・足首に桑木皮をしばる。娘は珠を佩く。ススキ三本を家の外、二か月ぐらい立てる」

と聞いている。

奄美大島の西海岸、大和村名音でだと、これをするのは四月の稲の虫送りにだと川畑ミエさんは教えた。子どもの手首・首に桑の木を佩かし、一日煙立てて悪いというので竹を炊いて飯を用意し、ハマウレ（浜下り）といってその日はみんな浜に出て遊ぶ。「今日はハマウレどー、桑木だま佩かさん」と

いって。

桑木はまよけなのである。「くわばら、くわばら」の唱え言が今に生きていることでも、それは知れるであろう。病気がはやったりしたら、桑の枝を身につけ、雷が鳴ったら先刻の「くわばら」をいったり、桑の枝をかざしたり、家をたてるには一部に桑材を使ったり、お守りしばりおいたりする（おそらく、桑の木の生の強さによるのではと、私は思っているのだが）。この桑の木信仰、全国的なことである。

それにしても、植物と聞いて私は五月の菖蒲（しょうぶ）も思い出す。あれも首に巻いたり、かんざしにさしたり、腹に巻いたり、足に巻いたりするのである。桑の木も性の強いことでまよけなら、世にも臭い菖蒲とそのへき易する臭みで、迷惑なものを追い払おうというのであろう。

今一つ、茨城では「えりかけ餅」というのがある。丸餅を子どもの年令ほど糸に通して首にかけてやる風習で、いわば餅の首飾り、餅の数珠（じゅず）である。しかし、これの行われるのが二月八日だというのだから、性格は容易にうかがい得る。この日はコトといって、ところによっては節分に似た厄よけを施す日だからである。まつりには必ずつかれる餅も、厄払いな品らしいのである。

唾

はじめは子どもの遊びを集めようとしていたのだから、しびれた時の呪(まじな)い歌などもかなり書き取ってある。

その中に、異様に唾が出て来る。

じつは、唾には何かまよけに力がある。それが何か私にはさっぱり解らないのであるが、こうした呪いも唄も、今の人の目にはなかなか触れないものだろうから、この機会にそれも紹介しておこうと思う。

「唾で額に十字を描く」というのと、「鼻の頭に三回唾をつける」とあるのは、佐渡の両津市大野と福島県飯舘村(いいだてむら)小宮のもので、共に昭和四八年の唾を最初に聞いたものである。

次いで茨城の北部、山方町西野内(やまがたまちにしのうち)で菊地すぎさんに教わったもの。唾をつけながら、口と額を往復するに、

一びり二びれ三びれ四びれ

三重県尾鷲市三木浦でも額に唾をつけて、

　しびれ　上にのぼれ

京都の園部町口司では、額にツワ（唾）を三回つけていう。

　しびれ京へのぼれ
　京にはおかいがたける
　大阪には小豆が煮える

滋賀の甲賀町鳥居野で、唄と共に額に唾つけるのは同じ、鳥取の名和町大雀のハナさんたちは、むしろのひげを貼り、唾をつけて足と額を往復する。
天草の河浦町益田では、ふたえ（額）に唾をつけて、

　しびんじょの神さん
　ふたえ上がって

くだっせい

五島列島の上五島町青方（あおかた）でも、唾でマッコ（額）に十字を三回かくのだ。

唾といったら、それが登場して不思議がった幾つかの場面があるのである。

まず一番に、履物を午後になって下ろす時の呪い。これは午前中は構わないが、午後からはあの世の住人とかかわりを持つかも知れないというのらしくて、火の残した墨、火墨を裏側に塗って出るのである。この時、火墨でなければ便所に履いて行き、それから外に出るとか、また唾をツッツッと吐いてというところがある。

便所は汚すという意味ではなくて、家の中での唯一、魔ものの近寄らない特別地域であるかららしい。赤子などはこの空気に逢わせられるのだ。（『生とものけ』、『落し紙以前』）

さて、唾だが、岩手県の岩泉町小本の小成チヨさんは、新しい履物下ろす時は、裏の方にトットッと唾を吐きかける。また、新しいの履き出す時は、ちょうずば（便所）さ行ってくるものという。

これは少し南の釜石市唐丹（とうに）でキミエさんが聞かしたことでもあり、「普段、午後に履き下ろす時は、裏にタッペ（唾）を吐きかけ、二つをこすり合わせてから」といったのだった。

親友の大泉マサさんは、さらに南の仙台市の出である。新しい下駄を下ろす時、底を二つ並べて、

もちに合え　ペッペ
酒に合え　ペッペ

と、ぺっぺのところで唾吐きかける。お婆さんのいつもやってくれることだったという。

ずっと南、九州鹿児島の薩摩町狩宿でも、

「藁ぞうり午後から下ろす時に底に二回唾を吐きかける」のだった。

二つ目は、生れて間もない赤ん坊を夜間連れ出す折に子に塗るもので、沖縄の読谷村楚辺（よみたんそんそべ）では、

あんまーがどんじゅる　　お母さんだけが見る
たーがんらんど　　誰も見ないよ

といって子の額を舐める。夜だけのことで、八か月ぐらいまで、こうやってイラン（鎌）、サングヮ（ススキを一つ結びしたまよけ）を持つと、ツルさんやフメさんが教えた。

唾を吐きかけることで、背なの子が姿が消えたような、少なくとも魔ものの眼にはうつらなくなった印象であろう。夜間の子を用心して額に火墨を塗ったり、色にすれば火を現わす紅を塗ったり、火縄を持ったりするのである。

さらに沖縄ではこうも聞いた。

こちらではハゼ負け（ウルシはないのでこうなる）の時、親などがツッツッツッツッ、唾を吐きかけるという。ぞうりを火にあぶって、これにも唾をかけ、かぶれたところに押し当てもするそうだ。

また、沖縄の那覇の東側にある与那城（よなぐすくそん）村西原では、こんな時にも唾を吐くと、前門野よしさんが話した。

「眠っていて、胸を押されたような時には『キジムナー』（木の精、河童のようなもの）に『うさんと』といって、唾を吐きかける」

これは北の北、北海道の近文コタン（旭川）で石山長次郎さんにうかがったのと同じようだ。唾吐くことをここではトプセということだが、パウチ（魔もの）の気のあるような時、トットットッと三回吐くそうだ。

最後にまだある。節分の折には、鰯（いわし）などを突きさしたヤキカガシを作る際、バチバチいう木を燃したり、臭い、いやなにおいのたつ火でいぶしたりしては、呪いの文句を唱えることなどをするのだが、この際、串に唾を吐きかけるところがある。

菜ー虫　大根虫　ピッピッ

これは鹿沼市草久(くさぎゅう)のもの、こういってピッピッで唾かけるのであり、葛生町牧(くずうまちまぎ)ではゴマがらに鰯頭をさし、同じところで北岡フジさんの家では茄子の木か大豆の木にさして、いろんな虫の名をいっては唾をかけて焼く。千葉の我孫子市下ケ戸ではヒイラギに目刺をつけて唾吐き、東京の奥多摩町川野では豆柄に鰯頭をさし、三重県美杉村丹生俣(にゅうのまた)の山本なかえさんの家でも、豆柄に煮干頭さし、唾をツ、ツ、ツとかけて火にあぶりながら、

あしくさ　くさ　くさ

というのだ。

この他にも、大人はよく大仕事に掛かろうとする時には手に唾をする。あれは手がすべらないようにの意味もあるのだろう。だが、海女の習俗などを本で見ると、鮑(あわび)をとるカネで舟べりを二、三回叩いたり、そのカネにパッパッと唾をかける人もいるそうだ。また、太平記巻十五の藤原秀郷の百足退治(むかでたいじ)に、矢に唾を吐きかけるのだった。

村は出口、入口に縄を張るなどして囲われた。家はまたさまざまなまよけで守られた安全地帯で、その中に住む人間も数限りないお守りが施されていた。そのお守りに包まれた身体の内から吐き出される

唾は、自前のモノ除け物の一つであろうか。

いわい

人の一生のうちのいわいとは、先ず産まれてのいわいに七夜、食いぞめ、初誕生のいわいに、七・五・三、入学式に成人式、毎年の節句、正月に、年いわいなら四二歳とか還暦、八八など。結婚式や、新築いわいなどもある。めでたい限りの時で、嬉しい喜びに周りの者もその気持に意を添えるべく、祝儀袋などを用意する。でも、幸せで喜ばしい、吉事ばかりにいわいはなされるのですか。

人々の話の中には、そうでないいわいも多いのだ。

岩手の三陸海岸から山手に入った白井（しらい）で、私たちは病よけの話をしていた。語り方はトチさんやフチさんである。

「悪病よけるには、杉葉にシトギ包んだのをキト（門口）に立てる。『ゆわいごとだ』といった。ゆわいごとがあれば、そのようにする。厄年は四二にいわうぐらい。うねとりさまさ行ってゆわってもらってくる」

同じ村、黒崎で下道トメさんも、

「ゆわえごとてはァ、杉か松さシトギつけてキトさしばる。寄んないで通ってけろていうことだべ」

病気がはやって、それの取りつかない呪いごともいわいなのである。

大船渡市の山手の村小通では、八三さんと奥さんと嫁さんとで茶をごちそうになっていた。

八三さんが、焚木の積み方のし方などを教えた。

「木しま崩れれば、いわいごとすねばなんね。うちのもちょうど風で倒れた。薪の長さは二尺七、八寸、それを六尺×六尺に積んだのが一しま（一棚）、それでは高いのでたいてい二尺長さ、三尺高さにしている」

焚木が崩れても、何か悪いことが起るのではないかといわいをするのだ。

あーめたんぽ　いわいよ
ざっこざっこ　降ってこ

これは、栃木県の益子町や市貝町（いちかいまち）でもっぱらにする雨乞いの唄である。益子町七井などでは村中で鎮守さまに集まり、池のまわりで太鼓たたいて右を繰り返す。雨乞いなども、百姓はよくよく苦しくなって事を起すのだ。

正月にはいわいごとが集中する。が、その他にも、

「トンドの餅腹やまぬといって食べる。これもいわいごとで……」（福井県三方町常神・ハルさん）
「節分の豆残しておき、初雷の時いおうたもんやね、家内中で食べる」（同町海山）
「六月一日、いわいましおったけんな」（平田市地合・佐藤もとさん）
「一〇月は厄日があっていわあてな」（島根県仁多町呑谷）
出征するにも、いわって出たのである。鳥取県日南町阿毘縁（あびれ）の岩田喜代能さんは、
「戦争に行く時、三宝にヤツデの葉敷き、それに昆布、かち栗をのせ、いわって出た」
といったし、島根県江府町御机（こうふちょうみつくえ）の山崎操さんは、戦争に行く時、古巣に戻るといって鮎をいわってもらったそうである。
誰もみな、表向きでは死んで来いなどといいながら、本人には厄よけの品をいわい込め、留守宅ではいいと聞けば何でも、藁にもすがる気持でまよけの品を掲げたりしているのである。
しかしいわいの極めつきは、人の死の折にさえ使われることであろう。
福井県三方町向笠のあたりは、葬式の帰りに門に臼を出しておき、臼には塩が入れてあるのだが、この臼縁に足を当てて、いおうて家に入るのだという。
いわうは、ただ喜び合うようなものではない。来るかも知れない凶事を、何らかの饗応をなして、なだめ、逐い祓ってしまうようなものである。漢字にすれば「斎い」の方がふさわしかろうか。
正月にいわいの行の盛り沢山なことは、改めていうまでもない。よっぽど斎いが必要な月なのだ。

きょうつかきょうつか

地が震え出す地震の時の、みなさんの地方での呪いことばはどんなですか。いや今の人にこんなことは唱えることもないだろうが、年寄の口から洩れるのを聞けば千葉や栃木では、

「まんざいらく　まんざいらく」

岐阜や三重などでは、

「よなおし　よなおし」

これは広い地方にあるらしく、石川県の門前町などでも「よなおれ、よなおれ」といっていた。

それが九州の種子島や屋久島になると、

「きょうづか　きょうづか」

となる。さらに南の、奄美大島の宇検村生勝(うけんそんいけがち)では、

「きょんつか　きょんつか」

同じ町の部連(ぶれん)でだと、

「ないない　きょうきょう」

こちらでは、地震のことはナイとかネエとかネイと呼び、「ないのゆゆん」とか「ないのゆりのおとろしや」などとなるのだ。それで喜界島や加計呂麻島では夫々「うんねえ　うんねえ」「くんねえ　くんねえ」ともなる。

さて、徳之島では井之川で、

「きゅのつか　きゅのつか」

天城町西阿木名では、

「きょんつか　きょんつか」

沖永良部では、

「ちょんちく　ちょんちく」

与論島の立長では「とんちか、とんちか」「ねいゆいるばーにゃ」、こう唱えるのだといっていた。

さらに南西の沖縄では、那覇の泊や、東村平良で聞いたのに、

「ちょうちか　ちょうちか」

夜中でも、起き上がって右を唱えるという。

さて、問題にするのは、この「きょうづか」系である。冒頭の「まんざいらく」や「よなおし」は年を重ねることや、「世直し」なることは見当がつく。だが、こちらは一体何の意味なのだろう。

「経塚」だという説もある。何でも経典を後の世に伝えるべく、塚に埋め込んだものが経塚で、そこ

なら地震も除けるだろうというのらしい。たしかに経塚というのもあったのかも知れない。だが地震を鎮めるための呪いごとに、それほど経塚が力あったとは考えられない。

それよりは、

「京　近か」

ではなかろうか。

単なるゴロ合わせのようでおかしかろうが、京の都はどれほど素晴しかったか。賑わいだけではない。天子さまの住まいする地であるから、あらゆる避邪の呪いが施された、堂塔だらけの、折々には経塚もある、地下も、のぼり、はたひらめかせる空も、四周を棚で囲み、兵で囲み、十重（とえ）、二十重（はたえ）の呪術をつくした地であった。その地に近いところだといっただけで、地震をもたらす悪神は怖気をふるって逃げ出すのである。やって甲斐ないところなら、気づかされた時点で、はやばやと退却するのである。

かく「京近」だというのは、他にも京都の出て来る呪いがあったからである。こういうと記憶を呼び戻して、おかしがる人もいるのではなかろうか。「しびれの神（かーみ）はふちゃえ（額）に上がれ」（天草）とか、「しびさのかみさん天あがらんせ」（三重）とかいうのはまだいい、ずっと広い地方で、北は新潟から南は四国までしびれは京に追いやってしまうのだ。

京のおばさん　餅ついて待っとるぞ　（徳島県南海町大里）

たとえばこんな風にである。

「京」と聞いてしびれは喜んで抜け出るのであろうけれど、その京は、迷惑なものらが集まっても苦にすることのない、万全の備えの出来ていた地なのである。

もう一つ、目にゴミが入った時の呪いがある。この時はもっぱら天を仰いでいうことで「おてん道さん」やら「天の爺・婆」やら「鳶（とんび）・烏」などがとってくれる用を頼まれるのであるが、与論島の城ではこの時こんなに唱える。

朝（ちゅう）廷さまの子孫（くゎーまご）でーふとぬ
汚（やんか）ーものァ　いじてふァい

でーふとぬというのは「だから」だと教えられたが、少し敬語じみているのかも知れない。「朝廷さまの子孫でござる、汚いものは出てござれ」というほどのところか。

これを話してくれた益山チヨさんは、「その他いろんな時に使う」と教えた。はてその他とはどんな折だったのだろう。

二 泣く

ニシャドッチ

西はどっち と向う

逆さにして頭つかむと
尻動かす。
本人は、頭をしっぽといい、
つかんでみせて「頭(じつは
しっぽ)動かす」という。
十津川村 李垣内 よしの M34

泣く

ずいぶん前、今から三〇数年前に、平凡社の「月刊百科」に子どもの囃し唄をのせてもらったことがある。いろんなものがある中に、泣いた子を囃すのがあり、こんなのがある。

泣きみそ　三匁め
も一つ泣いたら
四匁め

これは高知県野市町のものであるが、伊野町や池川町では、一章目を「よう泣いて五匁め」とも唱う。

そしたら、確か地元の人からであったと思うのだが、

「この唄は三匁、四匁、よう泣いて五匁とあるあたり、葬式の際の泣き女をうたったものではなかろうか、こちらでは今はなくなったが、商売にやとわれて泣く者あり、報酬を受け取った」

こんな風な教えをいただいた。出した人は婦人、封書に達筆な文字が書き連ねてあった。

当時私は泣き女の風があったのは承知していたものの、子どもの唄をいたずらに解釈すれば、弊害それに勝るとばかり考えていたことであるから、これもまた大人の勝手な思いこみのように考えていた。出版社を通して送られたことであり、礼状を書いたとも思われない。

ところが、その後じっさいに泣き女の風を耳にして、手紙をくれた女性と同じ考えを持つようになった。報酬のことは聞かない。だがそうもあったろう。この風は全国に広いのである。

岩手の海ばたの坂をのぼったところにある久慈市久喜の坂元ハナさんは、明治二五年生れというのにしっかりした人だった。この人が聞かすのに、昔は人が死んだ時から、女たちがずっと泣いた。葬列も往きも帰りも泣く。若い人などが死ぬとことに、友だちとか親類の者などだという。

話の中、今に変ったものの一つとして、これが出たのである。

三重県尾鷲市の深い湾になった九鬼の熊太郎さんもいったものである。

「親類の女たちみな白モク、晒手拭いかぶる。道中おいおい、おいおい泣く」

隣の、同じようにもう一つ深く入れ込んだ三木浦のツギエさん（明治三八年生れ）もいった。

「白もく、晒手拭い、ぜんの綱にとりつく。何人とも続き、道中みな泣く。ひこずる人がないと歩けないぐらい。今想えば恥ずかしいほど泣いた。今は恥の気持が出たのだな」

徳島県東祖谷山村京上のツルエさん（明治三七年生れ）の泣くのがなくなった理由は、着る物にあるのだろうと見る。

「親が死んだ時など、昔は山転ぶほど泣いた。今はいい着物着るからかしこまっている。前は普通の着物だった」

天草半島の有明町大浦にも、泣き女の風はあったのだ。一姫二太郎のことをこのようにいう。

前いにゃ*　後（あと）いにゃ
泣き手一人

*担ぎ

何度でも繰り返すが、人の死の折には、除けごとを極めたものである。死んだ時から死骸の上には刃物を置いたり、綱をかけたり、まよけの箒をのせたり、棺を運び出すにおいては棺を杵でぶったり、砂を打ちつけたり、米、豆を打ったり、鉄砲のある人ならそれを撃ったり、墓掘りにいたっても留守の間に掘った穴に魔ものが入っては困ると、まよけの金物を吊るしたり、人が火を焚いて待っていたり、そんなにしたのに、棺を入れる前には、穴中に鉄砲をうったり、弓矢を放ったりする。

死んだ人を完全にかくしてしまうまで、つまり土の下に埋めてしまうまで、安心がいかないのだ。いや埋めた後までも、塚のまわりに夜っぴて火を焚いたり、そのまま鎌を立て置いたりするのである。

こうした折に泣かれるものであったから、泣くこと自体もそれらに加わる一つの行ではなかったろうか。家族を失い、悲しみに打ちひしがれる泣きもあろう。だが頼まれてその役目をひき受ける人もあった筈である。

とかくせっぱつまった人の叫びは、手をかけようとしていた当人を体ごと飛びすさらせるものである。たとえば縄文土器の口縁には、鎌首をもたげた蛇などと共に、人の顔があってまさに叫びを上げる型に口を開いたのもある。にらむだけならまだ我慢もしようが、叫び声を浴びせられるのでは、食べ物に寄った相手は飛び退くより他にないのである。

今、泣き声をも〝叫び〟といったが、今の私たちが泣くような、涙だけを流して内に泣くようなものではない。そのことは前の人々の話からも充分うかがえるところであろうが、私も一度だけその泣き声に逢ったことがあった。佐賀県大和町柚ノ木にある高台に連なる道であった。道添いに遠く距離をおいて何軒かの家がある。その一軒から突如叫び声が上がった。女の泣き声とわかったのは少し考えてみてからのこと、高く、低く、家一つで泣いているのであった。近所で聞けば未明に人死があったとのこと、それ以来こうした泣きが激しい雨音のように繰り返されているのだろう。これでは、寄り来たった魔ものも手をこまねく他にしようがないのである。

ここに面白い例がある。西江雅之・吉行淳之介さんの『サルの檻、ヒトの檻』（朝日出版社）によるもの、「トロブリアンド島とかあの辺だと、毎日一緒にいる夫が昼に漁に出ても夕方には帰ってくることがわかっているのに『いってらっしゃい』の代りにワーッと泣く。帰って来たらまたワーッ、それも本気になって泣いている」

〝嘘泣き〟はよく子どもが囃しの対象にするけれど、彼らにも知れるようなごまかしの泣き、勢いのなさでは声の飛礫（つぶて）とはなり難いのである。

葬いの泣き女の場合も、良き泣き手はヒトにも知れ、礼物を得ることにもなったのだろう。

笑う

毎年正月頃になると、村人や神官集って初笑いをするという、ユニークな祭りがニュースになる。例えば、東大阪市の政岡神社では、正月に大しめ縄をかける行事があり、その後で神官一同がその下に立って、一斉に初笑いをする神事があるという。

また、こうした笑いは、私にただちに一つの行事を思い出させるのだ。正月一五日のドンドヤキのことである。このまつりは、焼く前に、鳥を追うと称して、村中を拍子木叩いてまわったり、喧嘩相手を作って喧嘩を仕掛けたり、村中が集まって騒ぎを演じるのであるが、山形の小国町で聞いたことが忘れられないでいる。話し手のしのぶさんは彼女じたい明治三五年生れという高齢であったが、その姑が正月のトンドを窓から見ては、

ヤハエロ　ヤハエロ

アハハハハハ

と笑うものだったというのだった。脚が弱くなって、現場には行かないようになってからも、窓辺に寄って見物するにいつもこういって笑うものであった。ここでは「サエド焼き」ともいう。しかしまた「ヤハハエロ」ともいうのである。これは、ここにいる前に寄った、飯豊町上原（いいでまちうわばら）でもそうで、いかにも笑いをうつしたような名前であろう。

正月のトンドは、よく神を送る火だと説明される。正月の神さまはこれによって送り出されるのだと。だがこのトンドの火には、竹など音が仕込んであって、ドンドン火が燃えるばかりでなく、爆竹の役目をなすこと、ところによっては鉄砲も撃つ。人々の騒ぎ声、叫び声の他に、半紙などで身体の悪いところをなで、火中に投ぜるのなど見ればわかるように、「送る」とはいいながら追っ払っていることが明白なのである。この火が虫送り、神送りにも、また節分に焚くところもある。

前にヤハハエロを笑声そのものを文字にしたものだろうといったが、新潟県黒川村のホヤホヤ、山形県温海町（あつみまち）関川のホイホイなどもまたそれに類する名のように思われる。関川村土沢で聞くに、青年が釆配して上村・下村に一つずつ作り、燃えるを見ながら子どもたち「ホヤホヤ」と大声で囃すそうだ。

ドンドに笑い声を立てるので、火祭りの行事をドンドワライと称する長野の小川村小根山などもあった。

「山の祭事歴」（山村民俗会、長沢武）という本にある（北信濃におけるきり火と祭事）に、そのあたりの「オンベ笑い」なるものがのっている。

「……しかし、すぐ火がついたのでは面白くないので、つけようとする若衆と、これをつけさせまいとして、叩き消す子どもたちとの間にしばらくの間は小ぜり合いが続く。やがて小さい竿に火がつけられると、炎は竿に巻いた藁や萱を伝わって見る間に竿の上へと燃え上がってゆく。集まった村の人たちはこの火を見て、一斉に大声を立てて笑う。これがオンベ笑いである」

何も笑いでなければならないというのではないのだろう。「泣く」の章でも述べたように、道具類、拍子板や棒などをもって作りなす音と同様、自前の体をもって作り出す音がある。いわゆる叫びであり、泣くことであり、笑うことであり、かしわ手であり、地団駄踏んでわめくなどである。ときの声などといって、戦の前にはしきを鼓舞するようにどっとばかりにおめき声を上げる。これなども、とりついているかも知れない、災いの魔ものたちを追い払うものだったのだろう。

大音といえば、棟上げの時の、熱い粥などを急ぎ食べさせて笑い、騒ぐのがある。中で静岡市大井川上流の井川でいせさんに聞いたものが忘れられない。棟上げの式次第である。

棟上げに柱に箸で粥をかけながら、

「かいすする、かいすする、何がいすする……」

といい、杵で柱をどんとつく。すると集まっている者たち、どどどど……

と地団駄を踏み、ありったけの声を上げるのだという。

棟上げの時も、新家に入る折にも、魔ものが前に住みついてはいけないとばかりにさまざまな除けごとを施すのである。

話はとぶが、天照大神が天の岩戸にこもられた時、外では天鈿女命（あまのうずめのみこと）が胸乳を露にして踊りくるい、それを見て集まった八百万の神々がどっと笑いそやしたという。胸乳のこぼれるのなど、昔であればなおのこと、裸に近い姿体は何も珍しいことはなかろうと不思議に思っていた。あの笑いも、ヤハハエロや鬨の声と一つものだったのであろう。

魔ものが逐われて、太陽神は闇を（多分日蝕であろう）出るのだ。

胴上げ

今年も、野球の日本シリーズの優者はどのチームかと話題をさらっている。勝った方の監督が胴上げされるのである。あの場面、いくら見たってハラハラさせられる。あのまま地に落ちたらどうしようかなどとあり得ないことを思うのであるが、アナウンサーが数える、五回、六回などともなるごとに、宙を舞う気持もどんなものだろうとも思えてくる。

私は胴上げを、少し気の荒い遊びかと思っていた。何の意味もないお祭り騒ぎだとばかり思っていた。それが大いに訳ありのことらしいこと初めて知った。

鳥取側のいちばん南端、日南町から島根側に入って西に二つ目の町、仁多町（にたちょう）のあたりを歩いたのは昭和五七年の暮れであった。町をどんどん下り、広島側にいたる山深い地の街道を話し手を求めて歩いていたら、道の片側に腰高の塀が現れ、切れたら村の人にも逢えるかなと、行くに行くが、どれほど敷地が広いものか、囲みは一向に切れ目が現れず、仕方なく戻って一軒の家に寄って話を聞いた。明治三一年生れの婦人である。

まずその大屋敷の話をすると、なあに、昔はまだまだひろかっただ、戦後は半分ぐらいにせばまった。たしかこんなようにいった。その当時のフィールドノートを私はなくしていて、カードにうつし取っている他は、うろ覚えなのである。お大尽の元は山林の所有者ということで、このあたりの山も何割だかが彼の持ち山なのだとのことだった。

正月行事をうかがううち、この人は不思議なことだったといってこれを話した。

「桜井家では一二月一三日に煤はき終って、まず旦さんを胴上げし、それから新しく来た女中、男たちを胴上げするもんだった」

その時は、私も話し手同様、人の立ち騒ぐさまや賑やかな叫び声を想って、共に笑い合わせただけであった。だが、後から考えるに、すすはきは「すすはきいわい」といっていわい（斎い）をしたり、使った箒を門に立てておいたり、その箒に臭いことでまよけのクロモジの枝を添えたり、豆まきをするところがあったりする。胴上げもその一環であったことが想像されるのだ。

胴上げの例は、もう一つ岩手県釜石市唐丹（とうに）で聞いたことがある。

こちらは小正月にアラク（開墾）マギといって、もの真似をする風があり、女たちは田植のさまを真似、牛を使ったり、苗を植えたり、エブリするのもあり、最後に男主人を胴上げしたりする。男たち逃げ歩くものだと。

ものを逐うのは叫び声、泣いたり、笑ったり、わめいたりも有効だが、突飛な行動、宙を飛んだり、引っくり返ったりも、生きた人間ばかりでなく、誰をも仰天、飛びしさらすのである。

今も野球選手が、日本一になった場合など胴上げがなされるが、もちろん負けた側の方は必要ない。勝って喜びの絶頂にいる者にこそ、災いの元はつきやすいのであり、いわい（斎い）が必要なのである。

また、もう一つ、こんな例もあった。

天草半島河浦町益田の小林ツマさん（明治三一年生れ）の子どもの一人は夜泣きをした。その時、こうじんさま（大かまど）の上縁にお明りを上げて願をかけ、前にイナマキ（むしろの厚いもの）を敷いてまっくんがえり（宙返り）三回する。夫がこれをしたという。

もちろんこれも、夜に跋（ばっ）こするあちら側の住人のなせる業と把え、彼らを警戒してのことなのだ。でんぐり返るというのはおかしいが、思わぬところでそれに出合い、思わぬ騒ぎにまき込まれて、思わぬ退却を余儀なくされる。向こうの思惑は見事頓挫すると見るのであろう。

息つき竹

棺に納まった死人は稀に生き返ることがある。助けを呼ぼうにも声はとどかず、ゆえに、青竹の節を抜いて棺に副わせて高く立てるのである。

こんな約体(やくたい)もない話を聞かされて、生きて埋められる人の苦痛、またポーのそうした話なども頭をよぎって、まさかと思い乍らも心中穏やかならず、墓に飛んで行ったのは我ながら滑稽なことである。

あれはどこだったのだろう。カードに残していると思うのだが、今は見つからないでいる。たしか西の方だったと思うのだが、かなり広い墓場に孟宗竹が塚ごとに立っている。伸び上がり、伸び上がりそれをのぞいている自分の姿は見えているのである。

それで結果は？　律気に節を抜いたものもあった。だがたいてはそのままの青竹一本なのであった。自分でも馬鹿らしくなって数本で止めた。

墓の形には、木を三本組んで石を吊るしたり、このように青竹を突き立てる形も多いのである。

後年見た渥美半島・渥美町日出の墓の竹は、埋葬した塚の上に細くて長い竹がさしてあった。名前をイキダケという。

宮城県唐桑町大沢のはイキツキダケというのがその名前、節の抜かない普通の青竹一本立てるもので、墓で見ると地上に一メートルかそれ以上ぐらいに出ており、頂きは斜めに切っているのが多かった。生き返った時に必要なわけではなかったのなら、この竹は何の竹だったのであろう。

埋めた後の墓では、やたら火がたかれる。夜っぴて火の気がなくならないように火縄を墓に吊るしたり、二人で抱えるような藁の束を継ぎ足し継ぎ足しして塚の四周をめぐし、夜の間の火とし、これを七日の間、毎夜毎夜しに行くところが多く、青森の南郷村世増（よまさり）のように、埋葬後七日間、日暮れに墓に行ってマツ（肥松）を燃やすところもある。

対馬の上県町（かみあがたちょう）湊になると、このマツをたく日が四十九日となる。

京都の瑞穂町などでは、同じ四十九日でも上から灯籠を吊ってあり、それにロウソクをともすのである。遠くからもよく見えるという。

もちろんロウソクの前はカワラケになたね油だったり、ランプに灯をともしたりしたのだ。壱岐の石田町君ヶ浦では、四十九日間日暮れてコトボン（ランプ）に灯をつけに行った。

奈良県十津川村上葛川でちよさんたちは、葬式のあと一週間毎夕墓で火を焚いたそうだ。「棺の作りくずなどぼやぼやと」だと。

人の死の折には、わけてもまよけを施した時である。そしてまよけに力あるものがいちばんに「火」であることを認めている人たちがこの折、火を使わない法はないのである。中には強力な火をさらに力増す術を考える人たちがいた。正月のトンドのように大火をたいて竹をはしらせ、追っ払うことである。

千葉県の沼南町片山の林清さんたちのところでは、シンダケといって一寸五分太さ、七尺から八尺の青竹を埋葬した上、死体の頭の位置にさす。その竹の傍で火を燃す。年寄は「竹はねるまで燃せ」といった。「今はねんど」といいながら皆が見ている。竹は枝下ろすのでそこが弱くなって穴開いてしまい、はねはぐっちゃう。だから元の方でないと駄目だと清さんはいう。翌日のツカツミ（墓なおし）で、また新しい竹をさす。

岡山県加茂町物見などでも、竹をはねさせるところだ。埋葬後、旗などの竹を短く切ったりして墓の傍で火をたき竹はしらかす、ぽんぽんはねる。この辺では大はたとして、一のはたから四のはた、たつ頭二つ、灯籠二つ、花かご二つの計一〇本の竹があるという。

埋葬後に竹を鳴らす例は、私のカードにはこれしかないのであるが、盆に墓でたくというのならもっと多くあるのである。

盆も、家々の仏様ならまた別なのかも知れないが、まつりを受けない無縁仏のためといって、粗末な棚を作ったり、木の葉や芋の葉に供え物をしたり、その上送り先が川の中だったり、崖下だったり、送りごと（お祓い）の方により意識が強いのである。

その送り日の夕べ、栃木県下でなど墓で火を燃すもので栃木・小峯原で小立長治さん（明治四〇年生れ）によると、この辺では盆飾りに竹を三本使って門にする。その竹を墓で燃し、はねねばよくないというので、はねるまで燃す。三発なるまで燃しており、三回鳴ったら、天国まで吹っとんだわという。

その傍の粟野町下永野でも、勇さんに聞いている。

「墓は家ごとにある。たいてい本家・分家と三、四軒で集まっている。自分のところは、本家と分家二つで三軒、竹も一緒に燃す。どがーんとはねねとんまかね」といって、一つはねると、「一里行った」などいう。

同じところでまつのさんも、「竹はねねうち、仏様帰らない」といったのだった。「竹はねるまで燃す、竹はねたらやめる」と。

これは関東にだけあるのではなく、全国に広いのだろう。四国西祖谷山村善徳の、昔の話をさまざま聞かせてくれた大年寄の栗本なかえさんも、こんなにいっていたのだった。

「新盆から三年間墓で火をたく。カジガラにマツ加えたタイマツ一〇八本作り、一四日朝それぞれの墓で人々集まってたく、この折、青竹六、七〇センチに切ったのよけいたき、竹なったら天国聞えるという」

はてさて、塚の上の青竹の意図するものは、ここにあったと思うのである。前にもいうとおり、追い祓うのは、先祖や家の仏様でない、この人たちはいつまでも孫子を見守ってくれているのである。おそらくその親しい家族とも分けへだつことになった悪の元凶、死神なのであろう。

だから、このような火がたかれ、竹がポンポン鳴らされるのは人の生き死に限ったことではない。余裕さえあるなら、それとも、その追うことが深刻だったなら、他の場合にでもたかれるのだ。たとえば金沢市直江のように、虫送りにたかれることもある。

孟宗の青竹太いの芯に立て、他の竹も加えて藁を積み、縄、針金でぐるぐる巻く。田んぼの傍、ここでは用水（川）のところに立て燃す。竹はぜる物凄い音する。隣の在所と俺らの方が大きい音したと張り合う。門松に見るように、緑の松葉あるところ、火（マツ＝肥松）を象徴したものだったとするように、竹のあるところ、それをはぜさせた「音」と考えるべきである。

花火

その奇妙なものをはじめて見たのは、愛知県東栄町の上粟代という山の村であった。玄関の外側かも居の上に、太さにしたら径一七、八センチ、長さ半間にも及ぶ筒状のものが下の地も見えないほどに縄でぐるぐる巻きにしたものが上がっている。ちょうど頭の上、お守りのお札を置くように横に掲げてあるのだ。二つを並べてのせてあるものも、一本ずつのせてある家もあり、上粟代で一軒、下粟代で二軒通る道にあった。

その一軒、下粟代で聞けば、花火の筒だという。道理で、話を聞く人にも逢わず、ここまで来たが、子細に見れば、同じ縄で持ち手なども付いているのである。

一人の婦人はいう。

「九月一五日の八幡神社の祭礼に上げた花火筒、まよけ、厄よけになる。八幡さまは花火が好きといって、若い者がいたり、家によって奉納する。一度花火やめたら赤痢がはやった。村一六〇戸ぐらいのうち、大筒が一つ、抱える手筒が二〇本、片手の手筒が五〇本ぐらいで、これは今も出る。抱えて上げる腕は火ぶくれになり、鉢巻の段のところ、火の粉で髪焼ける。抱えて歩きもするのだ。はね（終り）にはドーンと火が下に抜ける。この時『色男』などの声がかかる。手筒には一・五斤から二斤ぐらいの火薬を詰める。以前は手づくりしたが、今五〇歳ほどなる人、鉄の筒使って片手を失った事故あったりして、今は花火屋に一任、注文取りに来て発注する」

同じところで梅村さんも説明してくれた。

「まつりは一五、一六日、二、三年の竹煮て（煮ないと節はねる）、底一つ残して節抜き、火薬詰める。二尺余長さ、五寸径だと火薬が五斤、おそがってあげれない人が多い。家では息子が毎年あげる、厄よけだ」

その後、同県を海の方まで下った渥美半島を歩いたら、こちらも方々で玄関上にこれを見る。祭りに出し、三斤詰、五斤詰といって抱えて火を吹かす。自分の家であげたものを掲げおき、テヅツと呼ぶ由、一緒であった。

花火がまつりや寺社の祭礼に行われること、そのいわくあり気なことは感じていたけれど、門口に掲げられること、本来ならばお祓いの品の置かれる場所に居坐っているところを見れば、人々の言のとおりまよけなのであろう。もちろん、こうした火薬を使っての花火の以前は、大火を焚いて竹を投ぜ、前の項の「息つき竹」にあったように、ポンポン破裂音を作り出していたのだろう。

私は前に、凧は空のまよけだと書いたことがあった（『行事とものの け』）。まん丸く眼玉の剝いたのや、長い舌を出したのや、牙を剝き出しにしたのや、抜き身の刀を振りかぶった武者などが、ブンブン、グーグーいううなりと共に、空の上を闊歩し出したには、そこに住まいする者らを大いに仰天させたろうけれど、加えて火の玉となって音と共に飛んでくる花火は、その驚きにさらに追いうちをかけるものだったろう。そんな怪体なものの見舞を受けかねない上空は、通るのさえ除けて通った筈である。

三　目籠

マタタビ

50.7.16　山口

目籠

　しばらく前になるが、御前崎から西に海岸線を歩いた折、白羽の部落を通ったら、家ごとに目籠が掲げてあった。ちょうど節分に当ったのだ。長い竹竿の先に籠をかぶせた物を屋根の半ばにいたるまで高々とさしかけたのがあり、また、低い屋根の軒先に、手の届くばかりにしている家もある。このところのやりようで面白いのは、籠中にシキビの枝と共にゴム草履の片方が添えられていることで、もちろん以前はこれは藁草履だったのだ。

　これに持ち出される籠の種類はいろいろにいわれる。前の御前崎町では草刈籠だったし、房総などではヤッサカゴという中型の物、静岡ではまた、洗い物をする目の粗いヨツメカゴをいい、そして長野の楢川村でなら、少し形の異なるスイノウである。スイノウはうどんなどを鍋からすくい上げる手のついた目の粗い笊（ざる）だ。新潟の加茂市周辺では、まただいぶ種類も違って籾通し（もんどお）である。トウシは、別にはフルイと呼ばれるものだが、籾どうしは、まだ穂についたままのとばらばらになった籾とを通し分けるので、目が粗い。

　籠の種類は違っていわれても、必ず共通点があるのは目の粗いことである。しっかりと目の詰んだ、細かい物でもこぼさないように出来ている類ではなくて、外からでも中がまる見えのような、洗い物をしてもさっと水が出て行く、材料の竹の占める面積よりも穴の部分が広く場所を占めるという穴あき籠である。こうした穴を普通は目というので、総じて目籠と呼び慣わされる。謎々にいう、「口一つに目千あるもの　なーんぞ」、あれである。

その数もの目で、訪れたまものを追い返すのだとは民間の伝承である。節分には一つ目をしたまものが現れる。しかし家の前の目籠の目の多さにびっくりし、とても敵わないと逃げて行く。普通はこうしたいわれ話にはただ笑ってしまうばかりなのが多いのであるが、これだけはどうやら本当らしい。目の多さが相手を煩わすものとなるらしい。終ったと見えて次の穴の一辺となってまた穴に続き、次々と連続して進み、それが一列であればこそ、右も左も当るところ全面に広がっている。目移りがして視線が迷うばかりではない。千もの穴に通し抜かれて、身も心も粉々になる恐怖を抱いたかも知れない。

こんなにいうのは、前に触れたように、籠ばかりでなく、スイノウも、トウシ（フルイ）も同じ役を受け持っているからである。じつのところ、目籠が現れるのは節分だけではなくて、もっとさまざまなまよけの場面である。そのいずれの場合にもトウシは登場する。目籠とトウシとは同じ一役を、この土地ではこちら、あの地方ではこちらと、人々の声がかりによってだけ、役替えが行われているようなのである。

その彼らにとっての節分以外のもっとも重要な役向きというのは、人が死んでの葬いの場である。ここではずいぶんおかしな形式で、籠やトウシを転がすということがなされる。出棺や、棺が家から出されたと同時に用意されたそれらを蹴っとばすばかりか、棺が出た外に向かってまくり転がすのである。福島・栃木・奈良などでは、これにもっぱら草刈籠とかオゴチ（麻うち籠）がいわれるのであるが、滋賀の甲賀町唐戸川では、籾などを通すトウシだという。いずれも間髪を入れずというほどにこれを行った後、これも素早く藁箒などで掃き出し、奈良市の東部では「障子をぴしゃぴしゃと閉める」と念が入っている。

それにしても、子どもの遊びのような輪まわしの図は不思議なものだが、出棺の折は掃き出すばかりでなく、塩をまいたり、水をぶっかけたり、叩き音を立てたり、必死のモノ除けをしている時だから、籠転がしにも常にない効き目が見こまれているのだろう。たいてい風車のまわるごとく、鯉のぼりの矢羽根のまわるごとく、独楽（こま）の身を巡らすごとく、もしくは射的の的（まと）の、ルーレットの盤の回転するごとく、よりいっそう目を惑わせる、そんな狙いがあるのであろう。

転がしの他にごく通常の形に、死人の枕元にトウシを置いたり、体の上にスイノウがのせられたりも、わずかに行われるのだ。また埋葬した塚の上に目籠がかぶせられるのは、青森から栃木、静岡の方まである。

網

静岡県と、愛知県、長野県と三県のまたがる部分を前に歩いたことがある。すなわち、愛知側の水窪町から長野側の天竜村にいたる間に愛知の富山村があって、こちらはそれほど余裕も持たないまま、その富山村にも入り、大谷という部落にちょっと寄った。

家に夫婦でいた鈴木光雄さんとより子さんは、開口いちばん日本でもっとも小さい村がこの富山村だという。昭和六〇年のことで、当時人々は一九四人、戸数七九戸、自分は明治三六年生れだが、この村で話を聞けるような年寄はあまりいないなどともいう。

葬式の話を聞いた。死人が出たら、北枕にして「まがささん」とか、「猫部屋に入れん」というのは他の地方と一つである。それからこういった。

「死人の上には、頭から胸にかけて蚕網をかぶせておく」

死人の上には刃物や箒をのせておくものであるけれど、網が出て来るのははじめて聞く。

私はその蚕網も知ったような気持になっていた。山形の私の村のあたりでそれは丸い。丸いわらだ（蚕のいる座）に合わせるからであるけれど、真ん中は木綿糸の網で、端は竹を細く割ったもの、ひどく軽い。それだから私どもは、背丈に余るそれを振り上げて蜻蛉（とんぼ）とりをするものだった。

だが、何でもことは聞いてみるものである。その後に逢った辻文雄さんにうかがうと、こちらの蚕網は四角いのである。巾が一尺五寸、長さが二尺と二、三寸、四角で縁には竹があててある。死人が出た時は、この網を顔からすっぽりかぶせる。また蚕網でなければ、鮎などをすくう、すくい網をかぶせるという。

すくい網というのは、二本の骨を末広がりに組み、その広い方に懐広く網を張ったものである。何にしても、魚を追い込む魚網ならなおさら、向かって来るものをそこで足止めするのではなかろうか。

死人の上の網がはじめてだといったものの、これ以前に網の不思議な出現には心づかせられていたのである。

沖縄では、お産をする部屋はクチャといって家の後ろ側、大和でなら、ナンドに当る部屋である。この入り口に魚の網を張ったり、引っかけたりしておく。那覇の東側、与那城村（よなぐすくそん）西原でなどは、石原さんによると、入口や窓に網をかける他にひじゃいのーんな（しめなわ）を張り、桑木で作った弓矢を添えておくこともするのだ。

この習いは広いのであろう。隣、勝連村（かつれんそん）平安名（へんな）、平敷屋（へしきや）でも聞いているし、橋が出来るまでは地離れであった伊計島の善助さんにも、これは二度目の短い寄島にも伺っている。善助さんがいうには、張った網はマンサンユーエー（産後五日～七日）まで取らない。網は人死んだ時にも用い、葬列が通る時、じょう（門）に棒を渡して網をかけ、塩をまく、網でなければ箒を置くという。

生れて間もない赤子は、外に連れ出さないものとされていた。ことに夜間は危険な時で、各地でさまざまなまよけが施されるが、沖縄の手前、与論島城ではピグロ（鍋墨）を額に塗る。その上年寄は「あん（網）被しれ」「あんはぶしれ」いったという。

これは、その与論島よりなお東の奄美大島にくっついたようにしてある加計呂麻島於斉で耳にしたことであるけれど、そしてまた今までの現物の網ではなく、ことばかりであるけれど、六、七月頃の厄病よけに子どもたち村をねり歩く。その唄、

わー*きゃやの入口や　　＊俺たち村の
網さでど
やんしぇやんしぇ

「網さで」というのは、昔は網をもサデと呼んだというから網の種類か、二重にいっているのだろう。たとえことばだけだろうと、こうして騒げば、網に向かって突っ込んでくる相手もいないのである。

冒頭の富山村を訪れた一年後、愛知の渥美半島の最端堀切で、節分にも網をかけることを聞いた。この辺では節分にしめ縄を戸口に張る。その縄にトッペラ（トベラ）や、グミ枝などと共に四角の紙一枚

の幣、それにハンカチほどの網の切れ端を吊るすものだったという。

網の効能、もちろん一網打尽に包み込まれる危険もあったろうけれど、節分の目籠に等しい働きも目されていたのではなかろうか。はじめも終りもない、一つの形を成す一辺は、隣りの形象を生む軸となり、えんえんと周りを埋める連続模様となる。

しめ縄の縄目もそうであるが、三角模様、渦巻き模様、また、風呂敷などに描かれる唐草模様しかりである。

臼

生れてはじめて外に出す子は、臼に入れる地方がある。

愛知県作手村清岳の平松まつえさん（大正八年生れ）は語る。

「ヒアケ、二一日でする人もあるが、たいてい三五日ぐらい。赤子を抱いて橋一つ越える家に行き、茶招ばれる。向こうの家では、子を臼に入れてくれる。三つぐらいの兄を連れていった。あちらの家の人、いたずらに搗いちゃうぞなどいったら、この子『搗いちゃいやだ』と泣いた」

これは誰でも驚くが、初出し、また夜の外出にかかる時には、さまざまなまよけが施されるものである。ここでも出かける時には、鍋墨を額に一つつけ、「猫、魔ものに行きあわんように」といって、からかさをさして行くのだという。

この風は、思いもかけない広い領域である。

静岡県御前崎町新谷のいちさん（明治三一年生れ）も、

「夜出る時、また三三日の初出し（宮まいりし、里に行く）に、額に鍋墨三点ほどつけた、汚くなるけど仕方ない。里では臼を起して子を入れる。ていねいな家では扇子広げたの持たして」

同じ海岸線の大東町や相良（さがら）町、渥美半島でも「はじめて在所にいくと、親が子を抱いて臼に入れてくれる」というし、春野町野尻でよしさんは、「はつ孫には来たらすぐに鍋墨額につけて臼中に入れる」という。

鳥取県日南町阿毘縁（あびれ）で宿をもらったきよのさん（明治二八年生れ）は、里が横田町馬木で四里もあり、一年ほどしてから行ったそうであるが、行ったらさっそく臼に入れ、「臼の上にのせるとようねる」といったという。

島根の仁多（にた）町呑谷（のんだに）で明治三六年生れのおばあさんも、

「はつどまりといって里に帰ると、まずつき臼に子をのせ、それから家に入れる」

という。

九州になってもこれは同じだ。

佐賀県富士町日池では、

「はじめて里や近所の家に連れて来た時、臼にとぷっと入れ、塩舐めさす。ひはれいにひいはれいぎいもんいを着せて親が抱いて宮まいりする。その帰り必ず傍の親戚などに寄り、寄った家でこれをやる」

鹿児島県長島町馬込でいうのは浜田おとめさん（大正一〇年生れ）、

「生れて日にちあまりたたんうち、子かろうて遠に歩いた時は『足んはらん焼けっとだ』といって臼の上に箕のせ、その中に立たす」

箕が新しく加わった形であるが、これも厄よけにしょっ中、顔を出す品である。

臼の登場は、いろいろな折に見られるのである。まずいちばん目にうつるのは、葬式の時戸口脇に出されるもの、今は葬儀屋から来る臼の絵だけなどになったが、その臼絵を門に貼っておく。帰りは臼を空のまま搗いたり、また餅を食べたりして家に入るのである。

葬式といえば、清めの塩がいまも使われる、その塩にもあたる役目である。

難産の時にも持ち出される。これはアイヌにもあり、貫気別（ぬきべつ）の木村きみさんに教わったところでは、

ユタニ（手杵）で、

ウホー

ウホー

掛声をして空臼を搗くという。

病気も難産も、厄をなすものが群がって起すと考えられているから、それらを追い払うために臼は戸口に頑張るのであろう。

赤子が臼に乗せられると、まったく同じこともあった。嫁入りの際の嫁の荷物である。婿の家の庭に臼を据え、荷のうて来た箪笥（たんす）や荷物など、いったん臼にのせて、それから家に入れる。

嫁入りにも鉄砲を撃ったり、石や雪玉を打ったり、荷物を地面に下ろさないとするなど、祓うべき迷惑なものがつきやすいと見られているのである。

鹿児島の長島汐見ではさなさん（明治三五年生れ）が語ってくれて、

「子どもがイガ（ハシカ）にかかったら、着物を臼に入れて杵で軽くつき、箕でひる。これをすれば、イガがとれてからい（軽い）」

という。

臼の働きが、杵をもって搗きまわすところにあるか、その搗く時の音にあるかはわからない。

箕

竹製ならヘギを、木の皮製なら細く裂いたそれを、縦横に組んで一枚の板のようにし、手前だけ物が入るように縁高にこしらえたのが箕（み）、大ざっぱにいえば、手のない、塵取（ちりとり）の形である。

百姓家には、これがいつも二、三枚はあった。稲などは四角や丸材のヤグラのごときトウミもあったけれど、もちろんその前はこの箕でやったのだろう。収穫物を何もかも掻き入れ、胸の前にこれを持って上下に振れば、面白いように風が起って、軽い茎や葉が飛んで、箕にはずしり重たい実だけが残る。

子どもの頃、この箕を使う親たちの動作を見ると、その度に魅せられてだんだん傍に寄り、手伝いかたを申し出たものである。だが母親はいっかな承諾を与えなかった。それで仕方なく親のいない時を見はからってやってみることになるが、見ると、実際やるとは大違い、ヤッと上・下を返せば、たまる筈の中の身がさらさら傾き出てしまうのだった。もともと子どもの短い腕と浅い懐が、箕を存分に働かすにはせまかったのである。

今気がついたが、ミ（箕）というこの道具の名前、ふるい分けてミ（中身、実）を選り残すために同じ名がついたものだったのだ。

さて、箕はこの風をよく起すところをかわれているのだろう。さまざまなおかしいお祓(はら)いに登場する。まず外出先で病を得て帰った時のまじないである。岩手や宮城の海寄りの地では、外出先で急に具合悪くなって人になど連れて戻られた時、箕を出してあおぎ立てるのである。代表して岩手の北部野田町米田できいた米田源吉さんの話を紹介する。

「外行って切なくなって帰った時、家に入る前に箕を逆さに持ってあおぐ。裏返しだと大した風起る。父だったたか、誰かに連れられて戻った時母やった」

これは北ばかりでなく、愛媛の内海村網代(うちうみむらあじろ)でも、「外おれ」、「中はまんな」といって、戸口にいるのを家の中から箕でさびるのだった。

北の人たちは、外で病を得ることを「急に病気ァ付いて帰る時」といった。病の元が付いたから病気になったのであり、それに一緒にくっついたまま入られるのでは何にもならない。大風を起して吹っ飛ばして、本人だけを入れる必要があるのである。

子どもを育て上げる上での一大危機、ハシカ、ホウソウの時なども、箕はしょっ中現れる。子をこの中に入れてひるしぐさをするのである。

日本海側、敦賀市立石の浜上ステさんのいう、

「はしかはやって来た時、小さい孫を一斗箕にいれてひる仕ぐさをし、『はしかひだしたぞ、ひだしたぞ、もう入ることならんぞ』と夫がやった。軽くてすんだ」

箕に入れてひるのは、静岡でも岐阜でも鳥取でも、九州熊本でも佐賀でもである。九州では子を箕に入れるのではなく、子を三回あおいだり、着ている着物をひり出したりする。

アイヌでは、ムイ（箕）は木をくり抜いたものだそうだ。生れて呼吸もしない子は、ムイに入れてひる、と貫気別の木村イトさんや静内の其浦ハルさんが聞かした。ハルさんは一度難産に逢い、生れた子も呼吸しない、ムイに入れてエソエ（前後にゆする）したら、その子、オワオワ泣き出したそうだ。

狸に化かされて何か妙なことをいう時にも、箕であおればいいと三重県紀和町平谷などではいうし、また、大風には鎌も立てるが、岩手県久慈市久喜で坂元ハナさんたちは、屋根上がって箕でおおるという。

大風や嵐などは気象条件で起るのだと思うが、それが理解出来ない昔の人は、悪意のこもったものたちの魔風と見たのだ。

その意味では火事もそうである。不始末で起るのではなく、何かのいわれをもって火の玉（魂？）が火をつけて廻るのだ。徳島の東祖谷村山などでは、その火の玉を封ずるために箕を持ち出す。同村菅生のぬいのさんに語ってもらう。

「他所に火事があった時、打石（藁打ち石）に水かけて、

火のたまは千里の空へ飛べ

と唱え、箕で三べんあおりとばして、その上に箕伏せた。火のたまは飛んで来たら打石の下に入る。お神さんが火のたまなって飛ぶ。屋根落ちたら飛ぶけ、どっから来るやわからんでよ。火のたまが落ちたら、三年ぐらいで火事になる。火のたまが入っとるんじゃけ。

一度火のたまを見たことがある。火のたまは丸くなく長い。しゅっと思って見たらしゅしゅしゅしゅしゅ湧いて飛びよる。なんぼ速いかわからん。遠くの火事にもそれをする。今は有線放送で知らすので、すぐに出来る。前に同じ部落に火事があって馳けつけたが、そん時でもそれやった。我家（わんく）のに水かけてあおぎ飛ばしてから行かにゃならんの」

ぬいのさんは大正四年生れ、昭和六〇年の取材時である。

この辺どこでも、今でも火事いく度にすることで、年寄などは「それするまでは火事見もせんな」というと教える。それで「はざ（間）にから箕はさびられんど」という。

箕の登場はまだある。誕生前に歩いた子は餅を背負って箕の中に立たされたり、あおられたりするし、人が死んだ時にも箕は持ち出され、死体のまわりを囲うものから、葬いから帰ってのお祓いに塩や米を箕の中に出しておいたりする。一年に二人死んだ時には、よっぽど厳重に祓いもしなければならないのに違いない。岐阜の御嵩町（みたけちょう）や、美濃市、関市のあたりは、これをまよけの一つ、槌と共に箕をひきずっていくのだ。

最後に面白いのに、もらって来た猫の子を箕でひるというのもある。猫は魔性の生物といわれ、死人をまたぐのなどはどの地方でも恐れるから、その部分を祓い出そうというのであろうか。新潟の山古志(やまこし)村(むら)桂谷ではじめて聞いた時は、変った風だとばかり思っていたが、徳島の東祖谷山村落合で同じことを聞いた。山本さんたちは猫の仔をもらった時、箕であおり乍ら、

遠行きせな　遠行きせな

と唱えたそうである。

箕はおそらく箒(ほうき)と同じように一あおりでよく相手を吹き飛ばす、その機能ゆえにまよけの一大道具に名を連ねているのだろう。

箕は正月行事にはじまって人の生れた時とか死の折まで、しきりに顔を出す。箕に吉凶両面あると見るのでなく、箕のあるところすべて何かを祓いたがっていると見るべきである。

扇

『日本の民俗・奈良』（第一法規刊）を見ていたら、口絵グラビアに、生れ子の宮詣(みやまいり)のさまが出てい

た。祖母と覚しき人物が子を抱いて後ろ向きになり、掛け衣裳を子に掛けて、その付け紐を脇下通って肩に結んでいる。その背中の紐に、ほとんど開いた扇を一つくくり下げていた。

今は、どの地方でも子が生れたら宮まいりをし、宮まいりをするとなったら大きな衣裳をかけるから、この、少しばっかり異様な姿を見知っている人も多いであろう。

これに通常下げられるものはというと、一文銭とか穴開銭とかいわれるもので、その穴の開いたところに麻を通してしばりつける。現在はそうした金もなくなり、紙に包んでおひねりにしたのを水引でしばったりするらしい。

だがもちろん、貨幣としての金銭を贈るというのではないこと、その価値のなくなった古銭が使われていたことからもわかるのである。

渥美半島の田原町でトクノさん（明治三三年生れ）は、生れてはじめて里に行くと、向こうでは子を石臼に入れてくれ、帰る時に穴開銭を麻で通して首に下げてくれる、また小豆も紙に包んで銭のところにしばってくれたという。

宮まいりは、生れ子をはじめて外に出す初出しにもあたるのだが、この日のまよけは大層なもので、額には鍋墨や紅をいただき、その上に頭からすっかり隠し、刃物、金物をたずさえ、塩や豆や米を浴び、便所に入ったり臼に入れたりする。小豆も臼もそれぞれの章で述べた。

背中にしばられた扇は、これらと同じ役向きにあるのだろう。

そもそも扇とは、きたないものである。羽織・袴に威儀を正すと、これを手に持つことになり、やおら扇子を膝前に出して口上を述べるかと思うと、謡（うたい）をうたい出したりする。囲碁の勝負をやる時、必ず持つ人もあるようだし、沖縄の神まつりには、大きく派手な板の扇がつく。

葬式などにもこれは現れる。何でも人の死の折には、普通と反対とされることもあって、かんじん要の扇の元をほどいてなどとなるのであるが、死人を置くデェの口に吊るすとか、屋の棟を越させるとか、葬列の台に二つ取りつけたものを持ち行くとか、要は外さないで神棚に逆さに置くとか。

渥美半島の前に紹介したトクノさんは、赤羽根町高松の里でのこととして、扇子をたたんで、切れ物と共に死人の枕元に置いてあったようという。あり得ないことではない。

建前には、開いた扇型が飾られるだけでなく、棟木（むなぎ）に縄束と、また鏡や弓と共に吊るされる。まよけの木を打ちつけるところもあり、それぞれに厄を除ける品である。

正月には威張って棚に飾られる。

平田市伊野浦などでは、竹を両側に立てたところに横にも二本渡して、左右にサカキを立て、その下にオクラ俵と称した小さい俵と、開いた扇二本、幣と共に飾るそうだし、萩市大島の小池ツネさんのところでは、正月飾りはお多福面に、両側に扇を開いて、また耳のところにはイカ（スルメ）一枚ずつ飾るそうだ。

葬式の扇が厄祓（はら）いで、正月の扇が福を招びこむというような二つの働きがあるというのではなかろう。

ここにおかしい慣わしがある。長居の客の撃退法に箒を立てることは、各地で笑いと共に語られるが、箒を立てたその上に、うちわであおぐのだという。

滋賀県の信楽町小川では、箒を逆さに立てて手拭いをかぶせ、団扇であおぐという。奈良県十津川村の山天でも、また山口県長門市通でも同じように箒を逆さに立て、団扇であおぐ。

扇がうちわ（団扇）になったけれど、片や折りたたみ式にされたというだけで、機能は同じな筈である。

箒はそれこそ魔祓いの一大長老格のものである。人の死んだ折などはことに多くの出番があって、死人の上にのせるのから、近所の家では門に横たえて通せんぼはするし、葬列にも箒持ちがつき、埋めた塚上にはいつまでも逆さに立てられる。お産の折にも枕元に立てられるのだ。

おそらく、箒の機能の掃き出すところから、有難くないものを追い立てるお祓いの具として用いられているのだろう。たとえば、オハライサンと呼ぶ幣束と同じ品としてである。

棺が出た後に、時を置かずに掃き立て、戸を閉めたりするのは全国的である。熊本県五木村下谷で豊原たかさん（明治三一年生れ）によれば、この時は、箒で掃き、うちわであおぐという。これは盆にもすっかり同じにするそうだ。

たかさんの話してくれる盆のさま。

机に布敷いて位牌並べ、供物する、その台の両側にうちわ二枚立てかける。一六日、送る時は、箒ではき、うちわであおぎ出す。

同じところで下村キミエさん（大正四年生れ）の語ってくれる盆は、なお詳細を告げるものだろうか。

一六日、昼一二時に送る。供物、花を上に出し、ロウソク、線香を戸口に立てる。他の部屋への戸口などみな閉めて出口だけあけ、箒とうちわを持って掃いたり、あおいだりする。

「また来年、また来年」

と唱えて。子どもなど出口のところにいるのを除けさしてこれをする。終ったら灯を消し、戸をしめる。墓まいりをし、供物は谷に投げ下ろす。

「お盆」も、厳重なるお祓いが必要なのだ。

弓矢

秩父の山の家に住んでいた頃、猿には手こずった。かぼちゃはとられ、豆類は型なしにやられ、大根は抜かれ、キャベツ、麦の幼芽はむしり取られ、柿は彼らの落した物を拾う有様だった。猿の番に畑にいても、眼の前までやって来、コラッと叱ると、後ろを向いて知らん顔に、赤マンマと実を食べたりしている。ちっとも人を恐れないのだ。石を投げても、こちらのへナチョコのつぶて、たいてい届かないのでてんで馬鹿にしている。

ある時、たまらずにゴム銃を持ち出した。ガマズミの木がしわいと聞いていたので、材もそれと吟味して、Y字型、それに田舎で男兄弟のを見ていたごとく生ゴムをはめた。これが猿たちには効果てきめんであった。隣の空家になっている屋根にのぼって、群れて遊びまわっている。それに向かって石のつぶてを打てば、二発目にはもう裏山に消えている。

こちらはすっかり気をよくし、飛道具のおそれここに見た思いがし、この次には弓矢を持ち出そう。それにはうんと腕を磨いて、ボス猿の尻べたにでも届くほどにしようと思い思いした。

三重県は北端、員弁町の、多分楚原あたりだったと思うが、火の見櫓の上に一本の矢の姿を見た。鉄塔を重ねた上に、大きな窓のついた、一人ばかりの歩き廻れる見張所があり、その上には三角型をしたようなぶ厚い屋根、その上に直線に長い鉄棒が立ち、それに同じようにブリキのような大きな矢がつがえてあった。

あれは天かける悪神を狙ったものだったろうか。それとも昔の人は、火事が起るのも、火の魂の飛び来たって生じると考えていた、その火の魂をこばむものであったろうか。

当然のことながら、鉄砲の前の飛道具といったら弓矢である。私たちは見事に忘れ去っているが、行事の中には、なお盛んにそのことを教えているものが多いのだ。

静岡の大井川の中ほど中川根町向井という山の村では、死人のまよけに弓を使っている。竹を割った

五、六〇センチのものに糸を張り、同じ青竹の矢を一本つがえる形にしばったのを死体の上にのせておくのである。話し手の樫下軍炳さんは、その後の弓・矢の仕末はどうしたのかわからないといっていたものだった。今はやっていないのかも知れない。

武器として使っているのは和歌山の清水町上湯川などで、ここでは竹で作った弓に矢をつがえて、墓に棺を入れたら四方に射る仕ぐさをし、後棺に向けて射る真似をし、その後でさらに刀や鎌でも切ることを繰り返したというから念が入っている。

四国徳島の木屋平村（こやだいらそん）では、じっさいに矢を飛ばした。丸竹で一メートルぐらいの弓を作り、細縄を弦として棺が出た時、屋の棟を越えさせる。これをした他、墓で棺を穴に入れる前、棺の上にも射たと、これは川上の小原さんの言だ。

屋の棟を越えさせるということ、前にいう火の見櫓の弓と同じように、魔のもの、荒神はとかく空の上、棟よりうかがい寄るのである。

さて、対馬の北部の上県町では、若竹の細いまま二尺ほどの弓に麻の弦を張り、同じ竹二尺ほどの矢を作り、列の先頭を矢をつがえたままに行く。さらに墓では棺を入れる前の墓穴に向かって矢を射る。ここの恵古（えこ）では、持って行った矢を四本四方に向かって射るとのことであった。

子どもの生れた時の弓の現れ方も、人の死の時と同じぐらいに多くある。

沖縄の与那城村（よなぐすくそん）西原などでは、子が生れたというと、母子のいるクチャー（納戸）入口や窓にヒジィノーンナ（左綯いの縄）を張り、漁の網端をかけ、そして桑木の弓、桑の皮で弦を張り、鳥の尾羽根をつけたのを添え置くのだ。

国頭村安波でもカークタイといって、生れたその日に、安波川をサバニに乗って対岸に渡るという行事あり、その時は弓の他に槍も持ち、槍は家の門、ジョウに立て、弓はひさしにしばらくさしたままにしておいた。

弓を軒にさすのは加計呂麻島などでもそうで、生れてすぐに子には鍋ヒゴロ（鍋墨）を塗り、軒に弓をさすのだ。

生れて七日目などの初出しに、桑木の弓に桑木の矢を打ちかけたり持って出たりするところも多い。屋久島の楠川などでは、これは二〇日だそうで、おしめの初洗いをし、そのたらいに向けて桑木の弓、桑木の矢を射かける。

この桑がモノ除け物になることはこれまでも述べたことがあるが、恐らく生の強い木なるところからいうのかと私は思っているのだ。屋久島には、

岩をも通す　桑の弓

のいい方がある。何の木でも、竹でもいいのだが、その材料にも追い払う意を込めたのであろう。

サンヤバシラといって、子が生れたらその部屋の四隅にハゼ（ヤマウルシらしい）を立てるのが和歌山県熊野古道の発心門（ほっしんもん）の風である。〆縄を張り、一尺ぐらいの弓を一つ吊る。七日の間をサンヤといい、その間右をしている。サンヤの間一ぺんはハゼで飯たくものといわれていて、ときさんは、長男の時二、三本折って来てくれたのを覚えているそうだ。

最後は文字が万人のものになると、型ばかりの弓をもとばして、文字ですまされる例である。

長野県天竜村の坂部でますえさんが聞かしたことであるけれど、この人たちは、後産がとどこおる時は、弓の字を書いて腹に当てると聞いているという。

三重県の火の見櫓を見た後であったろう、楚原何とかいう小さな祠（ほこら）には、軒上に奉納と書いた竹の弓と、何に使うのか竹筒が一まとめに束ねて納められていた。私たち同様、神もまよけの品を喜んで受領するのであろう。

風よけの鎌

横なぐりの風の吹きすさぶ中、高い庭木の枝葉を傾かせる中に、また屋の棟にしばりつけてある鎌をたしかに目にした折があったように思う。だが、それがどこのことか、まるっきり覚えていない。まぼろしだったのだろうか。天をさしてそれを示してくれた婦人の姿も目に映るのだが……。

私が旅をはじめたのが昭和四六年、その当座でもこちらに関心がなかったせいかも知れないけれど、かくの如きだから、今はまったく目にすることはないと思う。それで人の話だけを集めて紹介することにする。

例によって北から、
北海道屈斜路(くっしゃろ)に住む菊地みよさんがいう。

「大風が吹くと祖母が鎌で風を切った。そのあと、コイキした鎌を長い棒の先しばって立てて置いた」レラコイキ（レラ＝風、コイキ＝いじめる）してんだといって。

岩手県久喜市久喜の坂元ハナさんは、

「竿さ鎌しばりつけ、風上さ刃向けて立てる」

というし、これは同県野田町米田でも、福島の舘岩町、南・塙町でも、栃木の葛生町でも同じ。

山梨の早川町黒桂(つづら)のウラ子さんはこんなに聞かした。

「アレ（大嵐）の時の風『魔ほう（魔風）ど』といった。竹竿の先に鎌しばりつけ、刃先を風のくる方に向けて家前立てる。魔ほう当って切れるってことだずら」

静岡市大井川の最上流井川の英太郎さんの家では、草刈鎌の古いのを竿の先にしばり、家の前に年中立ててあったそうである。

その下の中川根町のあたりでは海には遠いが、台風はシケといい、シケが来ると鎌を竿につけ高く立てる。向井のきょうさんによると、シケが来ると海鳴りがする、ザーザー、ザワーザワー、海鳴りがするでシケが来るぞなどいう。シケは六月頃から来、二百十日はシケの来る時だという。

同県春野町川竹では、この鎌をカゼキリガマといい、岐阜県板取村では立てた鎌では風のたまを切るという。

たまを切るというのは、鳥取の佐治村でも同じ、同村余戸(よど)の谷上政雄さんの話、

「荒れる日には高い棒の先鎌立てる。風だまが通るといって大きな木でもボンと折れることある。一五〇年ぐらいたった松が折れたことある。鎌立てると風だまが切れるという」

四国の一宇村や東祖谷村では、家の軒にしばりつけた。最後は天草の河浦町金山の大久保スエさんの話、

「かざきりだといって、ドハ(石垣)の頭に鎌を風の来る方に向けて立てる。大風が吹くとしゅうと爺さんこれをした。この辺では南風が強い」

人も転ばし、木を折り、家を持って行く風も人々を大いに怖れさせた。その対策に鎌があったというのはいささかのなぐさめだが、しかし鎌は風よけのためばかりにあったのではない。栃木県粟野町下永野などではヒョウにも立てた。このあたりの物干竿は木の張り出した枝を利用したもので、それを二本立ててあるものに横木を渡す。その高い脚上に竿にしばった鎌を立てた。こちらでは彼岸前後に麻をま

き、一〇日ぐらいしたら芽が出る。その芽をひょうに折られるという。

私は風よけの鎌は、はっきりとは記憶にないといったが、これだけはじっさいに目にしている。鶏小舎の鎌である。福島の南、矢祭町高野谷地の金沢定夫さん宅では軍鶏を何羽か飼っており、小型の付け出しの形に箱形の小舎をしつらえた、その正面の金網のところに古鎌を一つ吊り下げてあった。いたちよけだという。

こうした鎌の吊られ方は、子の生れた時に全国的になされることである。吊ったり、寝床の傍に置いたり、布団の下に敷かせたりする。右にいう矢祭町が里の壇町田代のスミさんも、大正一二年生れと若いのだが、この人の子を産んだ折にも、ナンドの裏に吊ってあって、生れ里とも同様、ああここでもやるんだなと思ったという。

京都の山間部でも鎌を吊る風習は広くあって、三和村大原にはたて穴住居のような一坪ばかりの産屋が再建されており、今でも人々は入口の吊り鎌を見るであろう。丹後半島、伊根町菅野の大家ひささんは「ガンド（鋸）か鎌を部屋隅か枕元におく。産する時も枕元においた」といった。

人の死の折の鎌といったらもう一々に述べるいとまもない。死んだというと、体の上にのせるのからはじまって、墓穴を掘るに、掘る前に鎌で打ち違いに祓ってみたり、掘った穴に吊ってみたり、果ては埋葬した塚上に朽ちるまで刃を上向きにして立てられる。そうした地方では古鎌もとっておくものだという。

要するに、鎌は古くとも構わないのである。風を切る、風のたまを切るといっても、まさか砥いで立てるものでもあるまい。切るとはいいじょう、それはこの刃物の働きから人に納得いくよう一つの便法であって、向かってくる迷惑なものはこうした金物を忌憚するのである。

そういえば、大風が何で起るかわからなかったと同時に、季節ちがいのヒョウの降るのも自然の異変であった。栃木市尻内は、高い山の上にボンデン（幣束の大きいようなもの）を立てたり、隣村との堺に縄を張ったりと、今に毎年律気に行事を行う地のようだが、「おまいりが足りなかったからヒョウが降ったんだ」というそうである。

鎌は、この大風をもたらし、ヒョウを降らした相手から家を守るため、子の命を救うため、そして親しい家族の命を奪った死神から死体を守るためのものであった。

四　小豆餅

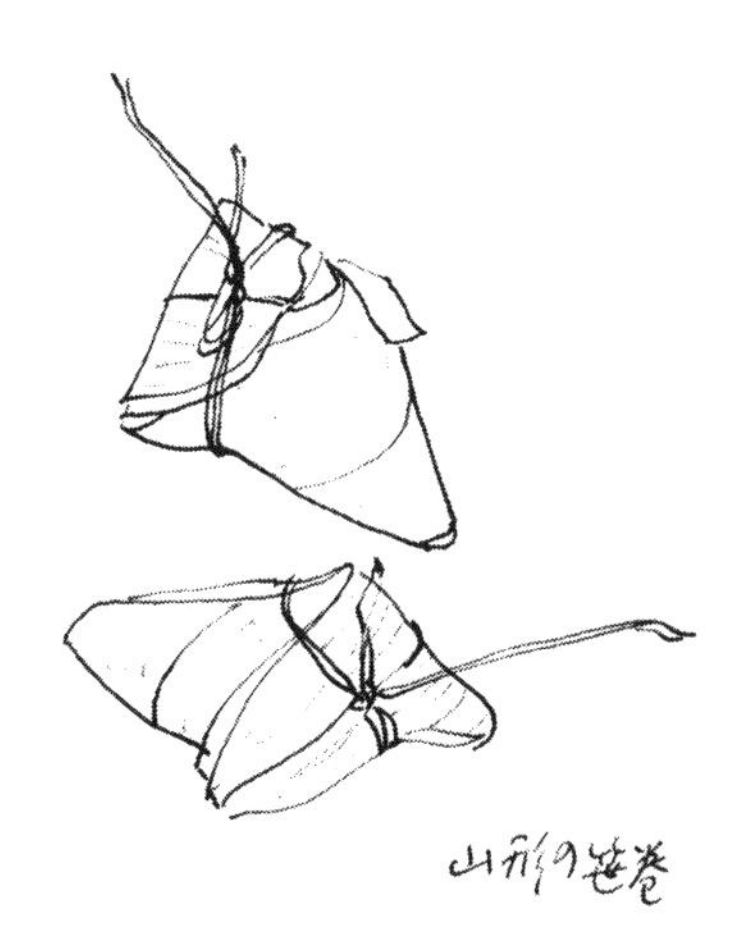

小豆餅

山形から東京に出て来てしばらくは、正月近くになると決まって雑煮の形を聞かれた。主に関東から西の同僚は、あっさり澄ましの、椀に盛ってから色どりをのせるぐらいの汁をいう。それに対して私は「あんこ餅」と答える。たしかに「ぞうに」という汁もあった。しょうゆ味で、大根・人参などと共に豆腐が入れてある。だから雑煮餅もあるのだが、他に必ず鍋一つのあんこ餅もあって、まず家族一同はあんこ餅を食べるのだった。子どもはこのあんこが御馳走で、雑煮の汁はもらいはするけれど、私などはそちらの餅は食べたことがない。

そんなことをいうと、東京生れでざっくばらんな先輩は、「元日からぜんざいかい」とあきれながら笑うのだった。

餅といえば小豆餅があたり前なように思うこちらは、そういえば、ほとんど具を入れない澄まし汁の雑煮も美味しかろう。餅といえば正月以外にも決まって作られる小豆汁は、あれは普段甘いものを食べないから人を喜ばせる物となって、未開国で考えられたものなのだろう、こんなに思っていた。

ところが、正月に小豆を食べる地域は広いのだった。

じつのところ、これについて考えることになったのは私の晩年のことで、材料も集まっていない。ただ旅行中に出合った少しばかりの例をもってこれを述べようとしている。

一つは鳥取の日本海側で、この餅に出合ったこと。

鳥取県の西、海岸線に沿う赤碕町から山間部に入る高岡で、高力武男さん夫婦のところで昼飯を御馳走になった。奥さんが、

「ゾウニがあるんだけど」

という。あまり餅が好きでもないこちら、気落ちしながら待つ内、出されたのは幸せな熱いいきを吹き上げる、小豆汁の餅であった。

その日は一一月二五日（昭和五七年）、前日が「亥の子さん」で餅をついたのだという。

これを「ゾウニ」と呼ぶのはおかしいが、隣奥の大父木地（おおぶきじ）でもそうで、正月には必ずゾウニをし、神々に供える。今では小豆だと汚れるといって、白餅を供えたりする。小豆を煮て、汁多くして砂糖味だとのことであった。

これは島根県 平田市野郷町（のざとちょう）の三谷や唯浦でもいっていたことである。

「正月一日から三日までと五日は小豆ぞうに」（三谷）

といい、

「ぞうには小豆餅」（唯浦）

という。

亥の子にも小豆餅をすること、これで知れるが、ついでにこの辺の亥の子の行事を紹介するなら、藁を縄でぐるぐる巻きにしたのを持って、子どもたち各家の庭を叩いてまわるのだ。

亥の子さんの夕さ

餅つかんもんな

鬼生め　蛇生め

角の生えた子生め

小豆餅ァいらんじょ

白コ餅いいじょ

小豆餅がいやがられるのは汚れるからで、これを教えてくれた大父の前田屋栄さんは、笑いながらいったものだった。

「息子が小さい時、袋を持って餅もらい役だった。もらった餅を分配するのに、小豆まぶしの餅を当てられて握って帰った」

亥の子の小豆餅は汁ではなくて、おはぎのように餡コをまぶしつけるのらしい。

正月にこのような餡コをまぶす餅を食べる地は静岡などにある。御前崎の周辺で聞くもので、正月、小豆をまぶした餅を各自で椀とか、膳に藁三、四本敷いた上にもらい、その藁で餅を切っていただくという。この時の小豆餅は大きくてかぶりつきも出来ないのだし、かといって小さく作るでもなく、藁は餅を切るのに好都合なのだという。食べれば「一つ年とった」などという。小笠町高橋原のまさえさんは、おととしまではやっていた（昭和五七年当時）といっていた。

さて、このように小豆をまぶしつけた小豆餅もあったが、小豆を餅の中につき入れるという形をとる地方もあった。たとえば、「宮城県史」にある「アカカ餅」などというのがそれであろう。その場所は岩沼と注がしてあって、

「アカカ餅……餅に小豆をつき加えたものを用いる家多い」

とある。

また、栃木市尻内でなどは正月、紅入れて赤い餅にし、白餅に重ねて供えるのであった。尻内のシズイさんの家では一臼だけ赤くし、白いのは七臼、今年は一臼、白餅だけにしたとのことだった。戦時中紅がない時、小豆の茹汁使ったが色がよくなかったと。だがもちろん、紅粉などは昔はなお手に入らないので、赤くなるだけの小豆そのままだったのだろう。

子ども初誕生には生長の早い子にだけ餅を踏ますという、お祓いの要素深いものだが、この時の餅にも煮た小豆を振ったり、まぶしたりするのだ。

なぜ小豆なのか、なぜ正月に小豆を食べるのかをいうのはそう難しいことではない。小豆がまよけだったことをいえばよいのであり、これもまたその説明は容易である。腹の内の病封じに小豆を飲むところがあり、家の入口に小豆を吊る地方があり、赤子のお守りの小袋には小豆を入れるのであり、生れ子には小豆枕といって、枕の用もしない小豆をおき、初誕生には小豆を背負わす。

こんなことより、今もまだ、ことあるごとに炊かれる「赤飯」を思ってもらってもいい。あれこそは人が死んでも、子が生れても、また病気を送るにも炊かれるもので、餅となると大ごとだが、赤い飯を作るなら簡便で、それですますことになったのだろう。

そして小豆のまよけの性格はこの赤いところ、人までも色づけする赤さにあると思うのだ。あのまよけに力ある、火の色、陽の色に継がる赤色としてである。

子どもの時は、個人の家でまつっている神さまがあって、まつり日には掌に小豆飯（まま）をもらって食べた。蒸す赤飯ではなくて、小豆と共に炊くうるちの飯である。この方がずっと色がつく。昔もきっとこんな赤い飯だったのであろう。

ところで餡（あん）コ餅のところで南の島は残したが、沖縄ではこの餅は八月一五日に作るのだ。フッチャゲとか、宮古でならフキャキ、西表ではフカンギなどという。

沖縄の与那城村西原でこの日の唄を聞いた。

月(つき)ん照(て)り　*じょらさ
星(ふし)ん照り　じょらさ
*むちり赤豆(まーみ)の　色のちょらさ

*美しい
*くっつき

サフラン

ずっと前にサフランを植えたことがある。球根を一〇個ばかり買って家の軒下にである。春早く、まだ厚いセーターも脱げない頃にそれは開きはじめ、葉のない茎に薄紫の花びらばかりがたおらかに咲き、色のない世界にそこばかりが華やかな一種異様な雰囲気をかもした。

自然のものばかりを好んで、花などついぞ扱ったことのないこちらが何故、と思うだろうけれど、何のことはない、世にいうにサフランの粉が馬鹿に高価だからである。この粉は花のシベから掻き集めたもので、イタリア料理のまぜ御飯などには必須の品で、ほんの耳掻き一つを入れるだけで釜の飯は、魔法のように真黄色になる。

おそらくこれからいう地方の話を聞いた後、発ぷんしたものであったかも知れないが、私の場合はそのシベを紙に包んで瓶にしまって安心し、それで忘れてしまった。

この植物はいったい何時頃から日本には入ったのであろう。呼び名はいずれもサフラン系で、愛媛の海沿いの地では口々にこの名を聞くことになる。

いちばん最初に耳にしたのは、九州から船で渡っての、佐田岬のある半島部の中ほどの瀬戸町塩成。ここでは、子どもの熱高い時、クレナイ（紅花）の花をとり、ほぐして陰干ししたのを、盃の水にひたし、色に出たのを飲ますのだが、

「サブランも同じように熱おいに飲ます」

といったのだった。

「それでどこの家でも植えていた。畑や庭のはしなどに、作らん家ない」

と。

熱おいという物いいも面白い。温度計の水銀のように、熱が上がったり、下がったりするのではなく、高くなった熱を冷ますのでもなく、取り付いた熱のもとを追い立て、追い払うという。人々の考える病気の起りようを教えるものだ。

宇和島を過ぎ、さらに南下した内海村網代（現南宇和町）でウメノさん（明治二八年生れ）が教えるのは、「ちょく（盃）の水にサブランつけ、赤く色出たのを、子どものオドリコにつける。十ばかりから下にはやった」

こちらではつけることになったが、飲むのと、すりつけるのとはどっちでもかまわない、こういう色

の出るものを身の内・外に及ぼしたいらしいのである。冒頭にいう、クレナイ（紅花）の件もあったであろう。

同じ旅でこれより前にまわった熊本県五木村頭地ではそれが紅であった。スガさん（明治三一年生れ）が話してくれて、

「ハナジョク（大型の盃）に紅が塗りつけるように入っていた。それを指先を舐めて子のみけんに、またこめかみに塗りつけてやった」

紅ジョクの紅を塗る話なら、生れ子をはじめて外に出す折に、どの地方でも馴染みなのである。

クチナシも正月の栗きんとんに知られたように、優れた赤味帯びた黄色の染粉である。北の方、関東のあたりでもこうはないが、九州の方では垣根にされていて、誰にもとられないまま乾いた実がほとんど数珠つなぎになっているのを見た。多くの実がつくのに違いない。

渥美半島、赤羽根町若見のこよのさん（明治三三年生れ）によると、子のホウタンカゼ（お多福風邪）には、クチナシと酢を腫れたところにすり込むという。

クチナシは、三月節句の菱餅にも入れられる。三重県尾鷲市向井のしがえさんも、クチナシの実をしぼって餅を染め、熱さましの薬にもなると教えた。

ふたたびサフランに戻って、これがもっぱら子どもばかりでなく、産後の母親にとっても用いられるのであった。この折の女たちは、生れ子と同じように命定まらない、力なかばの守られる存在であった

のだ。

島原の国之津町では、産後にサフランに湯をかけて産婦に飲ます。

これは北でも同じで、三陸海岸である宮城県歌津町白浜でしんさん（明治三〇年生れ）も、

「産後サフランを湯さたて、釜で煮立てて産婦に飲ませる。血定まるといって」

といった。

赤いものが熱を追い出し、病を追い出すについては、私の心に次の光景が浮ぶ。頭痛や熱とりに梅干しをこめかみに貼ることである。これこそは全国規模であるから、多くの人が見知っていることであろう。私も子どもの頃しょっ中見ていた。私の家の裏のお母さんは頭痛持ちであった。今考えると気圧のせいなどもあったのであろうか。明日雨になるというようなボワッとした、生あたたかい湿った空気に充つような夕暮れ時など、我慢の限度も切れるのか、頭には鉢巻を前しばりにし、こめかみには梅漬けのつぶしたものを貼って、夕げの仕度にかかっているのだった。

私の村などでは梅は干さない。だから梅干しとはいわずに梅漬けとばかりいったのだが、その梅漬けの実たるや、肉もたっぷり、汁も常に実が浸るほど、そして真赤である。その汁が頬に伝わっていると ころなど、思わずぎょっと体堅くして眺めることもあった。

今は紫蘇を使わずに作る梅干しもあって、陽に当る方が断然うまいと私などは思うが、少なくとも「日の丸弁当」になるためには、これまた断然梅漬けの方が名にしおうのである。

梅干しは数々の縁起がいわれる。前の熱とりや頭痛に貼られるのをいちばんに、茶と同じように難除けになるといわれ、物を贈った時のおかえしに一、二個入れるといい、正月のいちばんはじめには梅干し一つに茶注いだのを飲むという。対馬の上県町友谷でなどは、元日の朝、茶を飲んで梅干しを食べる。その後の種子を着物の衿に押し込んでおく。こうしたら山に行った時、道に迷わんという。

梅干しに対する信仰、これも赤いが故にあったのかもしれない。

ベンガラ

対馬では、牛や馬などの病気にベンガラを塗った。上島の西海岸、女連（うなつら）で大木ハツさんのいうところによるとこんなである。

風邪などがはやると、ベンガラを両角全体に、また牛小屋の入口や壁にも塗る。牛の風邪はうつりやすく、死ぬことだってあった。こうした死んだ牛を担ぎ出す時、通りにあたる家ではんまやん口をむしろや板切れなどでふたをした。

「そろそろどこそこの牛がかたげっじ来らるけん、早よはかべせい」

といって。

ベンガラについて少しも知識のないこちらは、そのベンガラはどこからもって来るのだろうと聞いたら、ハツさんはちょっと絶句し、あたりまえのことを質問されたというようにして、店で買うのだといった。こちらでは板戸や板敷き、柱などをベンガラで塗る。ベンガラを塗って、その後木ロウ（ハゼの実からとったロウ、これも買う）でみがくのだという。

確かに見た目は古い板とだけで気づかなかったが、その後まわった、同町宮原の阿比留守吉さんの家では「うちは天井にベンガラ塗ってあった。シラシメ油で磨いた」といっていたし、越高の豊田右膳さんの家では、台所の板敷、柱や、天井に塗ってあるといっていた。

その定吉さんの牛馬の扱い方、

「牛馬の病気はやったりすると、馬には赤布をメエタテ（顔まわりの綱、シュロなどでなう）に綯い込む。牛には角にベンガラ塗る。またんまやん口にベンガラ塗る、んまやはたいてい石垣かべ」

ベンガラでなく赤布も出て来た訳だが、同町深山で緒方おはなさん（明治三六年生れ）も、

「牛の病気はやる時は、角根元に赤布しばる。またはベンガラ塗る」

といっていた。

じつは、この赤布の件なら、同じ足でまわった最初の地、鳥取県の赤碕町高岡でも聞いていたのだった。

ここは、日本海沿いの町の、少し内陸に入り込んだ川の傍にあり、大水が出た時には赤い腰巻を張る。赤い布が他に使われることがないかとうかがったら、高力亀一さん（明治三七年生れ）と奥さんが

語ってくれたのである。

「牛を売る時、赤つぎつけてやる。三センチ巾ぐらいのもの、着物の裏などの赤布、『赤はえんぎがいい』といって」

　これは奥さんの方である。亀一さんも、

「黒牛、農耕用に飼い、仔とる。仔生まないようになると売り、金を足して若いのを買う。売る時にはクラゴモといって背にコモをかける。その背に赤布しばりつけたりした」

　顔につける場合は、ハナヅリとかオモガタと呼ぶ綱にしばりつけるのらしい。町の中心地飽津（のつ）で、

「仔牛売る時、オモガタに赤布つけた。我がえ（屋）からぬってつけてやる。ハナグリは二歳になってからつける。親売る時にはつけない」

　人間の子どもも生れだちは赤い衣に包まれる。また赤い腰巻が火事に振られるのも全国にあることである。

　さて、また九州に戻って、対馬の後立ち寄った島原半島や天草半島では、ベンガラを塗ることますます盛んなのであった。牛深市吉田で気持よく宿をくれた河田てるよさん（明治四三年生れ）の語ってくれるところである。

「牛病気はやった時、アワビ殻にベンガラ塗ったのトベラ枝に吊り、戸口にさす。トベラはまよけ。またマセギ（マセギはみな三センチ厚さ、一三、四センチ巾の板を何枚か入口に渡して柵になっている）に×

を幾つもかく。また角にも塗ったりする。トベラとアワビは別々にも吊る」

これより前に小浜町山畑で、マヤギにも塗り、角にも塗ると聞いていたし、栖本町湯船原の福江友徳さん（明治四一年生れ）には、アワビ光る方を表にしてベンガラを塗ったのを吊るしたり、戸に赤く塗ったりしたと教えられていた。

臭いトベラがまよけなことは、数々のお祓いの材料にされ、また節分に門に立てたりされるので有名であり、アワビもおそらくその鏡のごとき光からなのだろう、人家に吊るされたり、牛小屋の壁にはめ込まれたりしているのだ。

馬屋の入口にあるマセ棒は、山形の私の村でなどは直径七、八センチの丸木の棒で、×を記すというのも得心がいかなかったが、てるさんの教えるように厚板だったのなら、よく目立ちもしたのだ。

それにしても牛がいてもマヤ（馬屋）といい、入口をふさいでいる何本かの横棒はマセボウ、マセギ（馬塞であろう）という全国に亘る呼び名で、牛の前のここの住人が馬だったことを教える。それも「馬が半しんしょう（財産）」といわれるほどにどこの家にもいた、肥料を作るなどで北も南も百姓家では、彼らが家族の一員だったらしい。天草河浦町津留の大塚さん（明治三九年生れ）もいっていたものであった。

「かざよけといって耳に針打ったり、また鞍にベンガラ塗ったりする。今考えてみれば風邪ひきのごとある。前は馬、六三年前ぐらいから牛入り、馬に代った」（昭和五〇年現在）

九州本土に入って鹿児島県出水市上川内などでも同じである。牛が病気はやった時小屋の戸口にベンガラを塗ったといい、話してくれたしなさん（明治三二年生れ）は、赤子の着物は自分で織った布を、女ならベンガラで赤く染め、男ならクチナシで黄に染めたという。

赤がまよけの色であり、火を掲げるようにして厄病神がやって来るのを防ぎ、赤子をこれで包もうというのである。馬屋の入口をかためる以前に自分たちの住み家は、先刻右の構えはすましていたと思われる。

九州からの帰りに船で着いた四国愛媛の海沿いの地はこれであった。三崎半島の三崎のあたりは、家の外や、また屋内の柱や敷居、天井などにベンガラ塗りが目についた。幾松さんによれば、昔は家の内外、全部ベンガラで塗った。家を建てる前に板のうちから塗るのだという。ベンガラ塗った方が丈夫、白木と違って汚れも目立たないし、塗ってから油ぶきをする。

丈夫だとは聞かなかったけれど、ずっと南に下った津島町横浦の一人のお婆さんは、柱、天井、また家の外を塗る。家中塗ったあとはロウビキをする。ロウ固まりが売ってあったといっていた。

家の内・外が塗られるといったなら、多くの人が京都の、ベンガラ塗の格子づくりなどに思いをはせるであろう。何も京都ばかりではないが人の集まるところ、通りに面した家などでは、ことに入口にお祓いを施す必要があったのであろう。

ホヤ

数年前宮城県の北上川の下の、海にも近い河北町横川で近藤茂雄さんのお宅に一晩世話になった。若い嫁さんが知合いの漁師からもらったという小鯵ほどの鯖の唐揚をどっさりしたりして海の物でもてなしてくれたのだが、その中に大皿山盛りの赤い奇妙なものがあった。

スルメを焼いて片側に巻き反ったような、またはゴム毬を縦に裂いてひっくり返したような、したたかさをうかがわせる皮っぽいもので、それが美しい朱色の勝った紅色、淡い一面もあれば、たたみこまれている内側など際立つ紅色もある。

ホヤであるという。英語で〝海のパイナップル〟などと呼ぶ、皮壺の形をしたそれを開いて茹で、そして干した物で、こうした出来上がった形で売られている。酒呑みには人気のあるつまみであるという。ボリュームのある皮の、縦ひだにくっついた太った紐のような身をはがして食べるのである。

あのグロテスクなホヤを最初に食べた人の勇気に敬服と書いた誰かがいたけれど、これは食べてはおいしいのである。生で食べる時の身は澄んだ濃淡の朱色をし、ヤブカンゾウの花をひたしにした時の色にそっくり、一くち口に入れれば一転、海底の世界がこちらの身に乗り移る。乾いたのでさえも潮の香りはそのままで、潮のニガリにも似た独特の精もよく残している。生のうちからこれは赤黒い色をし、中身は今いうように薄赤い色であるが、茹でればいっそう赤の発色を見るということだ。

昔の人はホヤを食べることは食べても、今のように生で食べていたのではないであろう。往時の人たちは、食品に火を通すことに極度に執着をしていた節がある。これもきっと最高のモノ除け物、火に合わせないと安心がいかなかったのだと思われるけれど、ホヤも、横川さんの家の食卓のごとく、火が加えられて濃い赤色となって人と対していたのだろうと想像される。

福岡の玄海町の少し離れた沖の地ノ島では、正月にホヤを食べる。何のいわれだろうと思っていたが、縁はここ、赤色に継がっているのかも知れない。

同島白浜のミ子(ね)コさんによれば、こちらでは戦争に行く人にも食べさせたそうだ。赤子の死亡率に勝るとも劣らない死地に赴かせる家族の、わずかななぐさめも、ホヤは受け持ったのだ。

蟹

なんとも珍妙かつ、ユーモラスな写真が忘れられないでいる。どの本で見たのか、覚えていないのだが、節分に、ヤキカガシを立てるさまにワヤワヤと脚泳がせた沢蟹が二、三匹、串にさして戸口に掲げられてあるのだった。

なぜ蟹なのだろうかと思った。

蟹では、もう一つ不思議に思っている使い方もある。奄美諸島では子が生れて七日目の出初め(いじゃはじ)に、浜から捕って来た小蟹を頭上に這わすのである。これも人々は「蟹(がん)のさらさらすんがね(蟹は足が沢山あるので)さかんなれ」と唱えたり、そう教えたりするのだが、怪体な思いのままでいた。

それが、赤い色のまよけの項を見ていてわかったような気がした。

赤色が除けごとに大きな力を現すことは、生れ子の着物にはじまって、病気の時に包まれる赤、火事や大水をよける腰巻の赤、お守りの唐辛子の赤、小豆の赤といい立てが適わないのだが、それから赤いものならなんでも有難くなって、赤トンボから、赤蛙から、赤い毛皮を着た赤犬までが薬にされる。

魚もそうである。鯛を代表に、正月に食べられる紅の魚、塩鮭、それからこうした赤い魚に勝るとも劣らない伊勢海老が戸口の守りとなり、薬となって、煎じられる。

そして蟹である。これもここに継がるものではなかったか。

道理で、大きい蟹の甲羅が家に吊るされてもいたわけである。

千葉の勝浦市大沢で西宮一禄さんが教える。

「ばーがね(タラバガニ)の甲だけ、とぼぐち(入口)にかけてある家があった。何軒ででも、墨で顔描いたりして」

私が一度目にしたのは屋内に飾ってあったのだが、でこぼこの尖突がまさに人の顔を浮き出しているのである。私はただ物珍しいために掲げ置くのかとばっかり見ていたが、同じ掲げるなら、人面を強調したくもなるのだろう。

伊豆下田市広岡でも「ガニ吊るしてある家あった」と聞き、ほど近い小笠町高橋原では「カブトガニの甲羅かけておく家がある。この辺では捕れぬ、人の顔のよう」という。

尾鷲市大曽根浦でトクさんが語りくれるのは、

「大きな蟹ごうら、また刺の何本も出ている貝を吊ってる家あった」

隣の三木浦で三鬼ツギエさんに話を出したら、

「オオトグチにオニガニ甲羅吊ってる家ある」

これは「鬼蟹」とも呼ばれたらしい。太平洋側ばかりになったが、福井の名田庄村などでも「蟹の甲羅吊るしている家あった」という。

天草半島有明町大浦の浜崎さんの教える用法は、家のお守りにされたこれまでのと違って、ハゼ負けの時である。

「ハゼ負けの時、生米噛んで塗る他に、ズガニから這わせればよかという。浜に行けばから幾らも落ちているので、それ拾って背中など這わした。ズガニは川の蟹、大きくて脚に黒い毛が生えており、食べられる」

ウルシ負けに沢蟹をつぶして貼る風は、これは全国的だ。私などもよくやった。家の裏に出かけて、視界のせまくなった目で石を起して二、三匹の蟹を捕え、つぶして布に包んで顔などぴしゃぴしゃする。

この時の蟹の不幸も、火を加えれば赤くなるところにあったのではなかろうか。

なお冒頭にいう蟹を掲げるのは、カニドシといって確か正月であったが、長野県最南部の阿南町新野では節分である。ここでも実物の蟹を使わなくなって久しいのだろう、小さい紙に「カニ」と書いてトマグチ（門口）に貼る家もあったそうだ。隣、売木村の広さんによると紙の大きさは三センチに五センチぐらいだったという。

五　生ぐさ

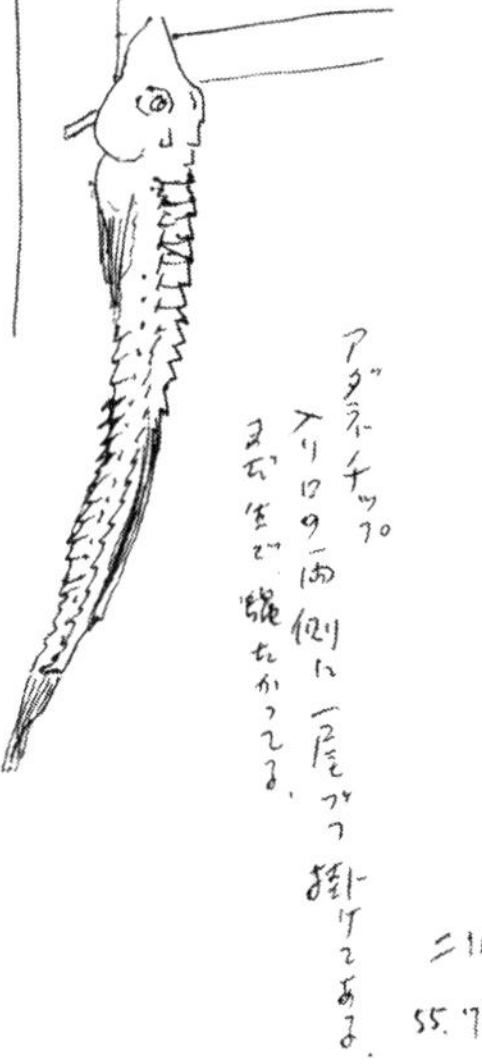

生ぐさ

人々の話を聞くに、中にはとんでもないしきたりや、行事があり、こちらは面喰らい、ことばを失い、時には思わず笑ってしまうようなのがある。たいていはとんだ迷信と思いながら、深い穴の底をのぞき込んだような、ぞくっとした空気を感じ、長年月を経た今も、その時の情景が頭を去らないのである。次に挙げる幾つかは、そうした中の最たるものである。

岩手の野田町は海の傍に開けた町で、米田はここから二キロほど山手に入った集落であった。この辺は馬の放し飼いをした。その馬から屋敷の周りの菜園を守るために、屋根ほども高い垣根を周し、それが栗材でなんぼう丈夫なものか、多くの家に廃居の名残りのように一部残っている。米田源吉さんの家はそれが目立って稲架場のように整って残っていたので私は立ち寄ったのであったが、米田さんは観察の細かい人で、いろんなことを話してもらった。その時、幼児の葬式についてこんなことをいったのである。

二歳ぐらいまでの子死んだ時には、墓に鎌を立てる。小さな鰯を口に横にくわえさせて葬る。寺に行って和尚に紙に書いてもらったのを板に張って立てるだけ、四つ、五つになると普通に坊さんを呼んで葬式する。

右は、昭和五三年の採取時のカードに書き取ったそのままをうつしているものである。「鰯を口に横にくわえさせて」とあるのは、驚いたこちらが鰯は縦にスポッとかなど問い質したためだ。鰯も、生か、干し鰯かなど質問した筈で、ただ「鰯」とだけあるのは、米田さんの答が「この辺は海の傍なので、いつでも生のが手に入るから」というようなものだったと思う。

もっとも、その後見た『上郷の民俗――青森県三戸郡田子町旧上郷村』（東洋大学民俗研究会編）や『日本の民俗2・青森』（第一法規出版刊）には「ニボシをくわえさせた」とか「南部では干鰯をくわえさせ」とある。干鰯が一般的であったのかも知れない。それにしてもこの風習の行われる地は広いのだ。

二つ目は、子の食い初めの折である。じつはこれは『日本産育習俗資料集成』（恩賜財団母子愛育会編）の中にあるもので、岩手郡南部の風として「赤子食い初めにニシンの箸で御飯をはさんでやる」というのであった。

子が生れての膳に据えるのは全国的にまよけの石であり、赤い色をした魚であり、誰でも逃げる刺魚のオコゼなどである。

三番目も人の葬いの折である。

会津は、北西端の西会津町では死人を埋めて墓から帰る人のため、臼を伏せてその上に水とニシン（身欠き鰊）を置く。帰って家に入る人は、水でうがいをし、ニシンを手に持って両肩上から身に振りかける。

これを「かぶりつくまねをする」と教える人もいて笑ってしまったのだったが、この町に続く、磐越西線で新潟に渡った最初の村、上川村なども、臼伏せた上に塩と水とニシン一本置くのは同じである。身欠き鰊ならどんな山奥にも入りこんだと思うが、この村でも最奥の山室でなどは海の魚よりも川魚が突差の用にも立ったのだろうか、こちらは川魚を串に刺したものを置いたという。人は串を手に持って身をはらう。幣束そっくりである。

鰯を口にくわえさせる、こういった例は私はこれしか耳にしていないが、干した鰯は葬式には縁が少なくないのである。葬いから帰った時、鰯の干した干しコを食べる地方がある。北からいえば、宮城の鳴子町や、新潟の三上村などが干しコを用意してあり、三上村の綱木では、塩と、味噌と干しコを出して置くという。

南は九州の天草や長島、四国愛媛の海岸ばたで、手伝いに寄った者など、塩水で手を洗った後、イリコ（煮干）かんでから自分の家に入る。

煮干では、用意する数にも都合があるというのであろうか。千葉から栃木、福島の方まではかつぶしを食べるのである。

鰯ばかりではない。鰊も人の死に登場するところは同じだ。福島の喜多方市では、肺病やみや悪い病で死んだところに悔やみに行く時は、鰊を炭火で焼いて、いぶして行ったという。

天草半島では悪病に限らない。死人のあった家にものいいに行く時は、だしじゃこなど小魚二、三匹紙に包んで懐に入れて行った。

どうしてこうしたことをするのだろう。なぜ魚なのだろう。なぜ鰯なのだろう。

鰯は臭い魚だそうである。「そうである」というのもおかしなものだが、魚が大の好物、魚くさいのがごちそうと思うこちらには、山に育ったこともあってまるで自信がないのである。それで本を見たりするのだが、矢野憲一さんの『魚の文化史』（講談社）などには、

「イワシ煮た鍋」

とか、

「イワシ食ったる鍋のつる」

など慣用句が見える。親類や同じことをした仲間同士をいうのだとある。多分にそれほど一種独特な臭みなのだ。

それが節分に全国的に選ばれてある理由なのであり、鬼をも辟易させる臭いというのであろう。

鰊もそうである。これはおやつに生でかじった当方であるからよくわかるが、半分いぶしたような、生身を乾かした、何ともいえぬ魚くささがあるのだ。福岡の大島で、お産をしてすぐに炊かれるウブメシの説明に「生のくさけと共にウブガミサマに供える」といったが、生ぐさという名も残っているとおり、一種独特なくさみがあるのだろう。

察しのとおり、こうしたにおい、臭さがまよけの種子になるものと私は思うのだ。

今の氾濫する臭いの中で、私たちの鼻はひん曲がっている。すんだ空気の中で生れる臭いの中で、ことに異臭を持つこれらを前に、子の命を守り、家族を守るためのまよけを施したのではなかろうか。

まよけの山椒

五月なかば、旅に出てしばらく留守にした秩父の住み家に戻ったら、軒近くの山椒が大きく枝葉を広げていた。五月はじめ諏訪で見た時は、今まさに新芽が伸びたところで、帰ったら、佃煮作るのにちょうどよかろうと思っていたのだが、二週間ばかり東京で過ごして来たのでその間に伸びてしまったらしい。だが、食糧の少ない山なかのことだ、少々こわくとも、こしらえておくに限る。

葉を摘みながら、山椒について、少し気になっていたことがあったのを思い出した。

去年（昭和五三年）の夏は北海道を旅していた。北海道の南端、下北半島に近い、南茅部町尾札部（みなみかやべちょうおさつべ）にある八木遺跡から山椒の実が見つかったと報ぜられたのはちょうどその間であった。テレビのニュースでも度々放映していたようだし、二、三日過ぎた八月一一日の北海道新聞にも「縄文人も香辛料使う?」の見出しでのった。

「五千年前の地層にサンショウの実があった。縄文時代の遺跡から香辛料が発見されたのは、今回のサンショウがわが国で初めて。縄文人は『想像以上に風味豊かな食生活を送っていたのでは』と、考古学者らは夢を膨らませている。実は炭火（ママ）した一個で、同じ所から雑草の実や炭も出てきた。炉の中にサンショウが飛び込み、炭化したことで現在まで保存されていたらしい」

私の気になったのは、サンショウの実が、食用にばかり傾いて取り沙汰されていることだった。他に、信仰上の理由から用いられたことはなかったか。

山椒はまよけに使われるものである。人が死んだ時に棺の内に入れるところが、長野や愛知にある。いずれも実を数個紙に包んだりして、ずだ袋に入れる。実がない時は、葉でも、また枝をちょっと折ってでも、どうでもこうでも入れるものだという。死人には針とか刃物とかを持たせるのが普通だが、死んでの後もなおまよけが必要なのであるらしい。

山椒の実ではなく、唐辛子を棺に入れる村もある。唐辛子は悪いものの入り来ないように玄関先に吊るしてあるのは、田舎をまわると今も見ることがあるけれど、辛いものとか、また臭いものなど向かって来るものをたじろがせる力あると思われているのだ。山椒の実も、まだ青い未熟な柔いものを、うっかり噛み破って泣く思いをされた人も多かろう。

岩田準一さんの『志摩の海女』を見ると、海中の魔物をも山椒は辟易させるものらしい。岩礁などでチクリと刺すものがあり、海女はこれで気を失ったりする。それをこの人たちは魔物だといい、よけるために山椒の葉を採んで汁を身体中に塗りつけたり、枝を髪に挿して潜るという。また「尻こぼし」というのもいる。これは他でいう河童のことのようだが、これにやられないためには、山椒の枝を糸でからげたものを胸に懸けて海に入る。

山椒の木はすりこぎに重宝もされる。これは、当りがいいとか、他に便利なところがあるとかの意味ではなく、もっぱら、山椒を使うと病気が起らないとか、縁起がいいとかの理由によるものだ。おそらくこれも山椒のまよけの性格を買っているのだろうと思う。

たまたま私が、このニュースを耳にしたとき、「ああ、まよけの山椒だ」と、思い込んだのは、右のようなことが胸にあったせいなのであるが、さらに、火所から出たということで、いっそう思い込みを深くした。北海道に来て以来、アイヌの人たちが、神祈をする時、穀類などを炉に供えたり、投ぜたりすることを何度か見聞きしていたためである。

はじめてその品を見せてもらったのは、十勝の芽室のF婆さんのところであった。煙草盆にプクサ（行者ニンニク）の干したのと、イケマと、トイターアマム（粟）と、米と、それから硫黄と、刻み煙草とを混ぜてあるのを出し、アベチフチ（火の神）に願いごとする時は、これらを少しずつ火のところに振りまくのだといっていた。これらの品は人によっていくらか違う。シラリ（酒粕）をわざわざとっておく人もいるし、トウモロコシを加えている場合も目にした。静内で泊めてもらったA婆さんは、コタンに病気がはやったり、家に風邪ひきが出た時などこれをするといい、品物は、プクサに、ピットクというひどく臭い草の干したもの、シケレベキナ（ザゼンソウ）、トイタタンパク（刻み煙草）、アキアジ（鮭）の顎、ピヤパピリケ（稗はく）などであった。

これらは、火の神への供え物だと理解されることが多いであろう。しかし、息つまる硫黄が持ち出されたり、家中臭みに満つであろうプクサ（ニンニク）やピットク、さらに煙草をいぶすなどを見ると、どうやらまよけなのだ。じっさい、プクサは魔の入らぬよう家の入口に吊るしおかれるものだし、硫黄も病気はやった折など、家の入口でいぶされる。穀類も、その旺盛なる繁殖力からしてか、折々、悪魔祓いに用いられるもので、この場合も散米のでんで使われていると思われる。

魂の世界を信じた私たちの祖先は、不幸や災いをなす荒ぶるものに、いかに寄り着かれないようにするか、いかに祓いよけるかを信仰の第一義にしたのだろうと考えるものなのだが、縄文時代の山椒の実は、それに一役買ったものだったろうと思うのだ。

線香

元はマッコウ（抹香）というもの、各自の家で作ったものらしい。

その作り方、八戸市を西奥に入った、是川遺跡の近くの妻ノ神という集落で聞いたことがあった。話手は中村浅次郎さんという明治二七年生れの達者な方で、昔のことをよく覚えておられ、私は他にもいろんな暮らし振りを教えてもらったのだ。ウツギの木の話から、これでは香も作るとの話になったのであったろう。

「カズラ（桂）の葉、夏に取って干す。三日ぐらいで干る。それを臼ではたき、粉おろしでふるって、一年分箱に入れておく。寺などに売りにも行った。今買うのより、ずっと香よく、色も葉と同じ青色、これの他には畑の縁などにあるウヅギ（ウツギ）、またゴマギ（ヌルデ）の葉でも作る。ウヅギは、馬・牛大した好き。香は二年目になると虫がついて一継がりに継がる。外に広げて虫除いたあと、餌にまぜてやるとカズラ、ウヅギともよく食べる」

お香は、人が死んだ時必ず焚くし、行者は香箱の中で香を盛り、行をする間中消えないようにするという。

浅次郎さんがカズラと呼んだのは桂の木を標準語で呼んだのらしい。この一帯から新潟県山古志村や六日町、栃尾市のあたりまでオコウノキ、コウノキの名で栃尾市中野俣などではもっぱら日常の香にしているのである。

香の使用も、人が死んだ時だけではなかった。八戸の南隣、三戸郡の南郷村犾館で、犾館かよさんに聞けば、もっと頻繁に香をたく日があったという。

「時ぜっく（月ごとの節日）に父親、またその妹の叔母も神に香たいていた。フリリン（風鈴）を鳴らして香をたく。重箱の蓋にサルノコシカケに火をつけたの少し置き、香のせる。また、ヨシの軸を二つに割り、中空のところに香入れて、それを蓋にあけ、ジグザグに山型にしたのに火をつける」

サルノコシカケというのは、岐阜県の河合村数河ではヒーウチゴケというのと似た類であるらしい。ここでは、とって来たら虫が入っているので水にしばらくふやかし、後よくよく干す。手でも折れるが、ひどく堅いので小さくはならない。包丁で切る。これを朝・晩香たくに使った。香は買うという。月に何度というばかりでなく、日ごとどころか、朝・晩たくという熱心なところもあるのだ。

さて、この粉々の抹香から、線香が作られるのはいつ頃のことであろうか。よくも便利なものを思いついたものだが、持ち運びは便利、燃すにも簡便で、場所はとらず、火保ちがよく消そうとすれば世話要らず。マッチを使うようになってからはなおのこと手軽さが実感されたことだろう。

線香の時代になって、さてその出番はというと、人の死にごと、仏ごとの他に次のようなものがある。

静岡の春野町野尾では流行(はやり)病入らんようにといって雨垂れに線香をたいたものだった。

新潟の上川村丸渕のあたりでは、これは二月の八日だった。朝、玄関の内側で線香をたく。燃やし終るまでは戸を開けるなといった。

二月八日は、一二月八日と共に節分に似た大祓いをする日なのである。

四国の徳島県一宇村河内ではその節分の日に、鉄砲持つ人はそれをうつのであるが、作治さんの家では、門に線香をたき、その上に籠を伏せる。

その隣の佐那河内村西府能（さなごうちそんにしふのう）の井上さんの家ではそれが正月だった。大晦日からはじまって三日まで、また六日どし（六日）、九日に門口、便所の入り口に線香たいた。

こういうこともあった。栃木の葛生町牧が里の聖子さんは、ひいおじいさんが台風の時雨戸を少しあけ、線香立て、鉦を打つものだったと話してくれた。

線香は何かを除けるために焚くのである。死神の姿を現した人の死の折に、来るかも知れない病気、災いの元を断ち切るために。

台風もそうであるが、雷などは怖れたものの最大級だろう。どうしておこるか知れなかったのだからとうぜんで、世の中これで終りになるかと思わずにいられない炎を放ち、馳けずりまわってかくれようとて、身をひそめる場所もない人々を蒼ざめさす。俵宗達の「風神・雷神」の絵のままに鬼の姿をそこに見るにしくはないのだ。

正月のトンドに、鬼が下るといって鉄砲をうつ。その話を聞かせながら、

「昔は鬼が下ったとかな」

「昔だれば鬼が下りもしよったろうな」

と首うなだれてつぶやき、うなずいた年寄もいたのである。

それだから雷などにはいの一番に線香を燃したのだ。

これはまだ経験した人が大勢いるだろう。でも念のため記すなら、

「ライサマなったら、茶漬椀とか丼に灰入れ線香立てトボグチ（入口）さ置く」（栃木県葛生町牧）

なのであり、

「雷なった時いろりに線香立てる」（長野県牟礼村夏川）

なのであり、

「線香一わ入口に立てた」（静岡県水窪町門桁）

と豪儀なことをいう人もあり、

「ユダッツァマござったぞという。稲妻ピカピカって光らっしゃっと、床の間に線香立て蚊帳に入る」（岐阜県関市下有知）

また、

「座敷の入口の方で線香たく。コバに作った山小屋にいる時でも、煙の多く出るものをくすべる。青空のところに雷が落ちるという」

最後は九州五木村の八原でのこと、この婦人は「すぼるものくべて、すぼすとですたい」といったものであった。

雷が青い空のところに落ちるというのはわからない。だが、線香も、抹香も用意がなかった昔なら、彼らの包囲から逃れるため、不穏な空気を押しのけるために、家一つすぼるとも見える特別な臭い煙を立てることもあったのであろう。

なお、能登のあたりから西の方ではコウノキ、コウハナと呼ぶのはシキミで、この葉や皮を砕いて抹香にしている。シキミは臭いだけでなく毒木である。

酒

子どもの時の解せぬ思いの一つは、八岐大蛇(やまたのおろち)が何であの辛い、においのいやな酒を好んだのだろうかということだった。酒が好きなばっかりに、八つの樽に仕込んだ酒を飲み干して正体をなくしたところを八つの首もろともちょん切られてしまうのである。

酒を好む人は多いかも知れない。あのいやなにおい、辛い味わいといったが、そこが好きでたまらない人たちの好む理由なのかも知れない。いわいごとには必ず酒が持ち出される。

だが、目出度い折の反対の極みにある人の死の折にも、なんともよく酒の登場を見るのである。

読者は葬式というと、香典返しの袋の中に酒の小瓶の入っているのを思い起されよう。あれはたいてい葬儀屋から来るので、塩の小袋と共にどこも同じになるようであるが、もとは葬儀の帰りに口に含むものであった。

私が加計呂麻島(かけろまじま)で葬儀に合ってついて行ったところ、葬いが終って、しんがりにいたこちらまで、茶碗に少しの酒を振舞ってくれたものだった。

こうしたことは全国でなされたらしく、宮城の女川町（おながわ）のあたりも、盆に酒と塩と味噌をおき、塩を振り、味噌をなめ、酒を少し飲むのだ。

栃木県葛生町などでも盃に酒注いでくれるのを飲み、塩を振る。山梨の上九一色村（かみくいしき）などでも塩を振り、盃に酒を飲むことをいうが、隣の芦川村中芦川では、葬式から帰った一人一人にトマロ（門口）内側から小さく切った餅をつき出すのに、塩をつけて食べ、盃の酒を飲むなどという。

この時ばかりではない。入棺の折は、これにかかる人だけは縄帯、縄だすきなどをしめ、魚っ気と共に酒を飲んで事に当り、また終って酒を飲むなどするのである。

壱岐の君ヶ浦などでは、親が死ぬなら子どもも皆でしまいいする。その時は縄たすきに縄帯、手拭いの鉢巻をし、鼻を詰め（ちり紙などで鼻に栓をする）、そして酒をのんでから取りかかるのだ。

しかし、酒の必要なのは生きている人たちばかりではなく、死んだ当人もそうであるらしい。こちらは飲む口もないというわけで、入棺する前に、またはその後に一人が口に含んで吹きつけるのである。平戸市の志々岐や野子（のこ）では、棺に入れた後、死人の頭から吹きつけ、沖縄の読谷村楚辺（よみたんそんそべ）などでは、死んですぐに火の神に酒とハナ米（おはつ）を報告し、その酒を死人の額に三度かめらす（いただかせる）という。

死人に吹きかける話は、これを手がける人たちが飲むという話ほどに多くは聞かないのだが、昔は果してどうだったのか、棺の中に添わせてやったというところも耳にするからである。

壱岐の石田町君ヶ浦で聞くに、死人に入れてやるのは男女ともに針と糸、それに親指太さ、一五センチほどの竹筒に酒を入れ栓をしたものと、盃に盛った飯だという。壱岐の芦辺町中野郷では、一節の筒に酒入れ、布まるめた栓をしてかめ棺の隅に入れる。この辺棺というはかめ棺なのである。生月島（いきつきしま）でも酒はびんに入れて、これらは男女ともにだという。

こうしたことは南の地方ばかりのことと思っていると、『津軽の民俗』（森山泰太郎著、陸奥新報社）にもこんなにある。

「芦萢（あしやち）では、墓穴の中にビンに入れた酒を入れるという。死者が酒好きであったということとは関係ないという」

この他にも葬式にかかわる酒といったらまだまだあり、まず墓穴を掘りかかる前に地面に酒をまくところ、墓掘り人には必ず酒を届けるところ、棺を担ぐ人たちは担ぐ前に酒を飲むこと、また出たちといって葬列に加わる者すべからく酒を飲み、しかしてタチバノサケ（島根県柿木村）とか、タチザケ（敦賀市）、デタチノサカズキ（対馬上県町）とかの呼び名もついている。ドウグススギとかドウグキヨメといって、棺作ったり、死衣縫ったり、手掛けた人が道具に塩と酒を振り、自分たちも飲食する地もある。

もちろん子が生れた時にもお七夜などの膳には欠かさないものだが、生れてすぐの初湯に酒を少し入れ「かさん出来んけん」という地もある（佐賀県玄海町牟方）。デソメ（出初め）に赤飯と酒を持って出て橋のたもとに供えるところもある。

酒粕も酒のひきなのだろう。手許に酒が不如意でも、酒粕ならいつでもおけるからである。北海道静内のアイヌ秋田よねさんはこれをドンベといって、「津波ドンベが大したきらい。撒くと寄りつかない。酒粕を干したものでもいい。自分も少し干して用意している。まよけにもなる」と語っていた。こちらでは酒粕は酒と共に神イノムに大いに登場するのである。

そういえば私も佐渡の金井町千種（ちぐさ）で、一人のお婆さんに話を聞いた時、腹の病には、藁苞（わらづと）に酒粕入れてトードーさま（正月トンドをやるところで三辻）に置いてりゅうがんをとる（がんかける）と教えられたことがあった。たしか、途中でこんな藁苞を目にしたからであったろう。そのおばあさんは、藁苞を見ると「おりゅうがん取ったふうだな」と見ていたといい、「俺はりゅうがんとったことないけど」といっていたものだった。

恵原義盛さんの『奄美生活誌』には、野や山に仕事に出る時は塩をなめることが出ているが、「家葺用茅刈りに出かけるには酒を盃一ぱい飲む……」と出ている。

私も島では、塩をなめる人たちにしょっ中逢ったが、酒を飲むことは知らなかった。家造りなど、大事の前には酒も持ち出されたのだろう。

こんなふうに、酒はおきよめの塩にも代えられた。酒はたまたま人をなぐさめる嗜好品とのみ扱われるようになったが、元はといえば、身体の自由も失わせる一大凶器なのではなかったろうか。なめくじに塩をかけると姿なくなると同じように、酒を振りかければ災いをなす荒神は、酒粕を恐れた津波の神のように色をなくして逃げ去るのではなかろうか。

「御酒上がらぬ神はない」というぐらいで、神事に酒はつき物だが、それはそうであろう。神は御自分では手を下されない代り、こうしたまよけの品々を身のまわりにめぐらせてもらうことは、人の家の場合と同じように大変な喜びなのである。

サイカチ

岐阜の高山市の北の飛騨で、金子さんがサイカチの木のある河原に連れて行ってくれた。こちらではこれになる、いん元豆のお化けのような、三〇センチばかりになる豆の外さやの一部を子どもが食べたという。外側の豆のなり口にあたっている方があめ色になった時に、その部分だけをかじるので、ひどく甘い。霜の後でないとこの色にはならず、雪の上に落ちたのを拾って食べ、鳥類も食べるとのことだった。見上げるような裸木、刺があるというそれも見えず、豆も全然手に入らなかったのであるが、話者の金子さんは豆のない時季なのは先刻承知、木だけならといって案内してくれたのだった。これが私の、サイカチを知ったはじめてであった。

当時昭和四六年は子どもの遊びを集めていて、野山の食べ物などもそれに入っていた。はじめて聞く食べ物にきっと見当違いな質問を浴びせたのだろう。

私は山形の田舎に育っているが、こんな豆のなる木は聞いたこともないのだった。もっとも知らないのは当方だけ、他はどうなのだかは解らない。その後やたらとサイカチの話を聞くのである。宮城県の鳴子温泉に行ったのはその年の初冬だ。サイカチといったら、シャボンにする話を聞いた。ここにも木はなくて、熊笹一本に五〇位さしてあるのが売りに来たという。洗たくの時は二、三本水に浸けて、風呂の時は二、三人で一本を泡の出なくなるまで使った。

これは全国でいうことだし、平成になって歩いた東北でも何軒から藁に何本も吊るしたり、玄関近くにガラガラいわせながら吊るしているのを見ている。その後、宮城県栗駒町の松倉でふつえさんは、サイカチともセエガチともいい、二本ぐらい袋に入れ煮出して髪洗った、つやコよく落ちるなどといっていた。竹にさしてたいていの家で吊るしていたと。

私の方は、子どもの遊びから、行事やしきたりに関心が移ってしまったのだけれど、その行事の中ではなおいっそうサイカチの登場を見るのだった。

まずいちばんに、正月にこれを焚くところがある。栃木の葛生町で四六年に聞いたものが次のカードに見える。

正月にサイカチで火たく、音を立て臭い。

正月にサイカチをたくことはこれ以上聞かないから、特異な例かと思っていると、岩手などでも焚い

ているのだ。（『日本の民俗3・岩手』第一法規出版）

「元日の朝は起きがけに〝悪魔払い〟と称して門口に灰をまくばかりでなく、炉の火は胡麻がらとさいかちで焚きつける。二つとも臭気の立つものである」

次は日時を問わない。近くの村に病気がはやったりした時に、いつでもやるものである。青森の南部、八戸市近くの南郷村のあたりでは、例えば世増（よまさり）では部落の出入口に高い棒を立て縄を張るのだが、その縄にはサアガチ（サイカチ）、ナンバン（唐辛子）、ニンニク、刀、手杵（てぎね）などを吊るす。一軒一軒ではジョーグチ（門口）に吊り、リウジゴドだといった。家に病気が入った時はこの縄をとりのぞく。

「んだて（だって）行がなくなては大変だべもの」。話者の法霊寺卯之松さんはいったものであった。

隣の島守で話してくれたのは、明治二五年生れの上山ふりさんであった。（昭和五〇年当時）

「はやり病はやると『トシナ（正月にも張る）張れ』といってナンバン、炭、サアガチ、杵、刀、ニンニクなど吊り、小餅を家族の数だけ一人ずつ体をなでて穴を開け、藁に通してトシナに吊るす。烏が食べる。『烏かねばよくない』という」

一年中家の入口に下げておく地方もある。少し南に下った岩泉町小本の小成チヨさん（明治二九年生れ）はこう語る。

「玄関口外側にアワビ貝コとニンニク、サイカチを一つにして吊るしていた、まよけだという。サイカチは石けんにした、三つ、四つまとめて体洗う。この辺幾らでもある。お振舞の魚料理の椀洗うにも湯にサイカチば入れて揉んで洗った」

私がこの辺を歩いたのは昭和五〇年だったのだが、その時にも玄関脇に六、七本糸に貫いて吊るしてある家が何軒かあったのである。

栃木のあたりは日が決まっていて、二月八日と師走八日のコトといわれるお祓いの日である。いわばこの日は節分と同じように目籠を出したり、臭いものをいぶしたりするのだが、その時いぶすのがガチャガチャとこの辺で呼ぶサイカチである。

確かにサイカチは臭いにあるのだろう。サイカチがなければネギを燃したり、唐辛子を燃したりしているのだから。鹿沼市持居の柴田さんは、よく子どもの頃に「ガラガラ拾って来い」といわれたそうである。後になるとなかったりし、なければネギでもいいのだと。ここでは二月八日と一二月八日の朝、カマンドでガラガラを燃し、その後で戸を開けるのであった。

また葛生町の柿平で関口たけさんは、「ガチャガチャない時はネギでもいい」とはっきりいう。いろりで半分燃やし、半分いぶして戸口に出す。ガチャガチャは河原などにあるそうだ。

さらにまた、同じ町仙波で北岡フジさんは、

「ガチャガチャない時はネギか茄子がら、両方やる人もある。ネギは根元の方燃しかけて伏せた籠の上にのせる。茄子がらは臭いし、煙立つ」

「葛生町の役場建つ地、字名がサイカチバラ」だそうだ。これは同席していた和尚さんの言であった。

長野の楢川村（ならかわむら）羽渕で、サイカチかナンバン（唐辛子）いぶすというのも節分である。けれどナンバンはサイカチが手に入りにくくなって代用にしたのかも知れない。羽渕でチヨさん（明治三五年生れ）、昔は燠（おきび）の上にサイカチばりだったと聞かせたものだった。

羽渕ではその後ろにスイノウ（手つき笊）を立てることで、鬼はそこで煙草を吸って帰って行くなぞという。

なにしろサイカチの威力は並たいていでなかったらしく、この辺では戸口のまよけにはスルメやサイカチを吊っている家があったとのことだ。

この章はサイカチを食べる話から入った。その後こうしたことは聞かなかったが、ただ一度、岐阜の徳山村塚で耳にしたこともあった。

「一尺ほどのサヤ豆なる。サヤを割って中をなめる。ひどく甘い。櫨原（はぜはら）（同村）にしかない」

イカ

在所での「ムカサリ」（嫁入り）の時期は、秋遅くと相場が決まっていた。秋の仕事も終り、いや無理にも終らしてその嫁入りにかけるようである。

村のしじまを破って、「むかさりやあ」の荷物担ぎの人足の声がする。それが遠く、なかなか近づかない時もあるのだが、まれに降って湧いたように近くで人声があがる時もある。

それが聞こえ出すと、待ち兼ねたように男たちは迎えに立つ。その時の持ち物は何々かというと、高張り提燈一張り二張り、それに灯を入れて、もしくはそのまま、頭立つ一人の盆の上のイカ（スルメ）と、あとは盃と酒が何人かで持たれる。ここで嫁の里の方でも御馳走になってよれよれの荷担ぎ人が先に家に入ると、嫁さんはおぶう人が決まっていて、頭がつっかえるほど高くなりながら、一時宙に浮いた型で屋内に入るのであった。

ところでここで問題にするのがイカの盆である。盆に紙を敷いて、またはそのまま細く裂いたものがのっている。もう一つの盆に銚子と酒、三つ四つの盃のあるのを見れば、酒の肴としてあるのだとは思うのだが、それをむしって食べる者もいないのは不思議なことだった。いや、中にふざけるのか、とって一、二本を嚙む者もあったが、たいていは出されたままの姿で、また中に納められた。

当時はイカは御馳走のうちだった。イカといったら生身のイカ（烏賊）を想うだろうが、スルメなどと呼ぶ地は少なくて、スルメはすなわちイカだった。その御馳走のスルメを集まった子らに分け与えるのでもなく、そのままで家内に戻されるのが私には解せなかった。

そんなわけで、私はイカは酒の肴としか見なかった。例えば、正月の飾りつけにイカが見られる。秩父の幸木などに姿のまま二、三枚がつけられるのは知人のお宅と知っていたし、また千葉県の勝浦市大沢で世話になったつねさんやなつさんが、正月、棚に鮭やイカを吊ることも話してくれたのだった。

それなのに、イカは肴としか見ないこちらはただ単に魚の代表、生臭いものを、魚っ気に変える代表とばかりに考えていた。聞きもらしたこともたんとあるはずだ。

十日町市控木でのいいよう、ここでは恵比寿さまに張る〆縄に葱を五本ずつ両端に張るのであるが、それにイカ二枚も吊るすのだった。

戸隠村の山口さん宅ではイカを三枚横に編んで飾った。一五日には下ろすという。

ここではじめてイカの編み方を教わった訳であるが、ピンと張って板のようになっているのを三角のところを頭に脚を下に、人形型に縄でしばるのである。

次の長野市七二会（なにあい）や中条村三ヶ野の丸山寛美さんのところでは、そのイカを飾る藁苞をエビラとかワランダと呼び、それに飾るイカのしばり方は同じである。七二会（なにあい）橋詰の和田さんのお宅では、この他エビラにさすものは豆柄にハチヂョウ（幣）つけたもの二本位、その他藁製のエビラは木二本で継いである。その上の方には昆布、下の方にはイカを飾るそうである。

このように三枚も飾るとなれば、縄で横に編むのもいたし方があるまいが、正月の〆縄やら門松に吊るというのも、なお方々に沢山あるのである。

しめ縄に銭、鯛、スルメなど吊る、一四日まで下げて置く。

（鳥取県赤碕町大父）


一二月二八日、カザリ（シヨゴ）立てる。

松にイカ、柿、みかん、シメノコつける。

（鳥取県日南町大菅）

大黒柱に松大きいのと、クラシ（シヨゴ）立てしばり、昆布、ジンバソウ（ホンダワラ）、
みかん、イカ、串柿など吊るす。戸口には何もしない。
（島根県仁多町上阿井）

この時、一緒にまわった山口県萩市大島の小池ツネさんの家では、お多福面の両側に扇ひらいて、また耳のところにはイカを一枚ずつつけたというので笑ってしまったが、同じところで豊田実さんなら、イカは一枚ずつながら、そのイカは開いて正月飾り用にと一〇匹位用意するとのことであった。

他にも正月用に使うとなら聞いているのだ。山口でも旭村佐々並では、神棚前にはイカ、ジンバソウ（ホンダワラ）、塩鯛などをかけると聞いている。

正月の他にも七草やヤツカガシのように戸窓にさす行事にも使われる。たとえば、七草で終ってイカ

を貰って食べるのが楽しみというので何のいわれかと問えば、切りばんの上、芹、イカ、昆布などを置き、これを叩くのが子どもの役、イカは終った子どもに与えるのだという、島根県の例。また、加茂市大谷など、正月一一日、コウゾ柄にイカを小さく切ったのを入口、窓、小屋などにさすのだし、岩手の普代村黒崎では、一五日頃、クルミ柄にイカ小さく切ったもの、豆腐、餅などをはさんでいぶし、戸口に立てるのだ。

なぜイカなのだろうか、なぜ魚を代表してイカなのだろうか。

ここにおいて私はふたたび山育ちなることをいわねばならないのであるが、しかし、イカの生臭いのだけはよく知っている。生のを干したのは、これほどにおうのであろうか。ヤツカガシのイワシほどではないものの、それに代わるものとして、あったのでなかろうか。

このにおいについては、私にも経験はあるのだ。私の家には作業所という、高い天井のガラス窓つきの建物が後からくっつけて建っていた。私の次の次の次の姉が、洋裁などを教えるといって、ここに部屋を作り、男友達なども寄るようであった。

その男友達の一人からもらったイカが箪笥にあり、たまにこれを火鉢で焼いてくれた。そのうまい味が忘れられず、私はその箪笥を開けて、多い脚なら気づきもすまいと二、三本の脚を火鉢の灰の上にのせた。プチプチ身をくねらせたと同時だった。一陣の風がまき起って、アレヨアレヨという間もなく、においは天上にぶち当った。

大急ぎで、においを納めようとアラジンのランプを逆に押し込むような手つきをしてみたが、それは無理というもの。煙出しのない屋根は煙を充満させて建物一つをにおいの固まりとなした。誰もいない時だったからよかったものの、あんなににおいにひやひやしたことはなかった。

じつはイカの臭いことはわかったけれど、これの謎ときをお知らせしないと平等ではない。

福島の塙町丸ケ草の鈴木フチさん（大正五年生れ）のいうところによると、

「風邪がはやると、家のばあちゃん（姑）戸口にイカ吊っていた、猫はとれない」

イカは直接、病も除けるのである。

この手は他にもあって、新潟の山古志村桂谷では、家の入口にイカ一枚下げて置く家があったそうだし、長野の楢川村羽渕には、戸口にイカやサイカチを吊るしている家があったという。また、愛媛県の三崎町三崎では子どもの熱の高い時、イカを枕下に敷いたことをいい、三崎および瀬戸町塩成では、子のひきつけにイカを敷くことをいう。

イカは、病を除けると同時に魔をも除けるのだ。

六　正月

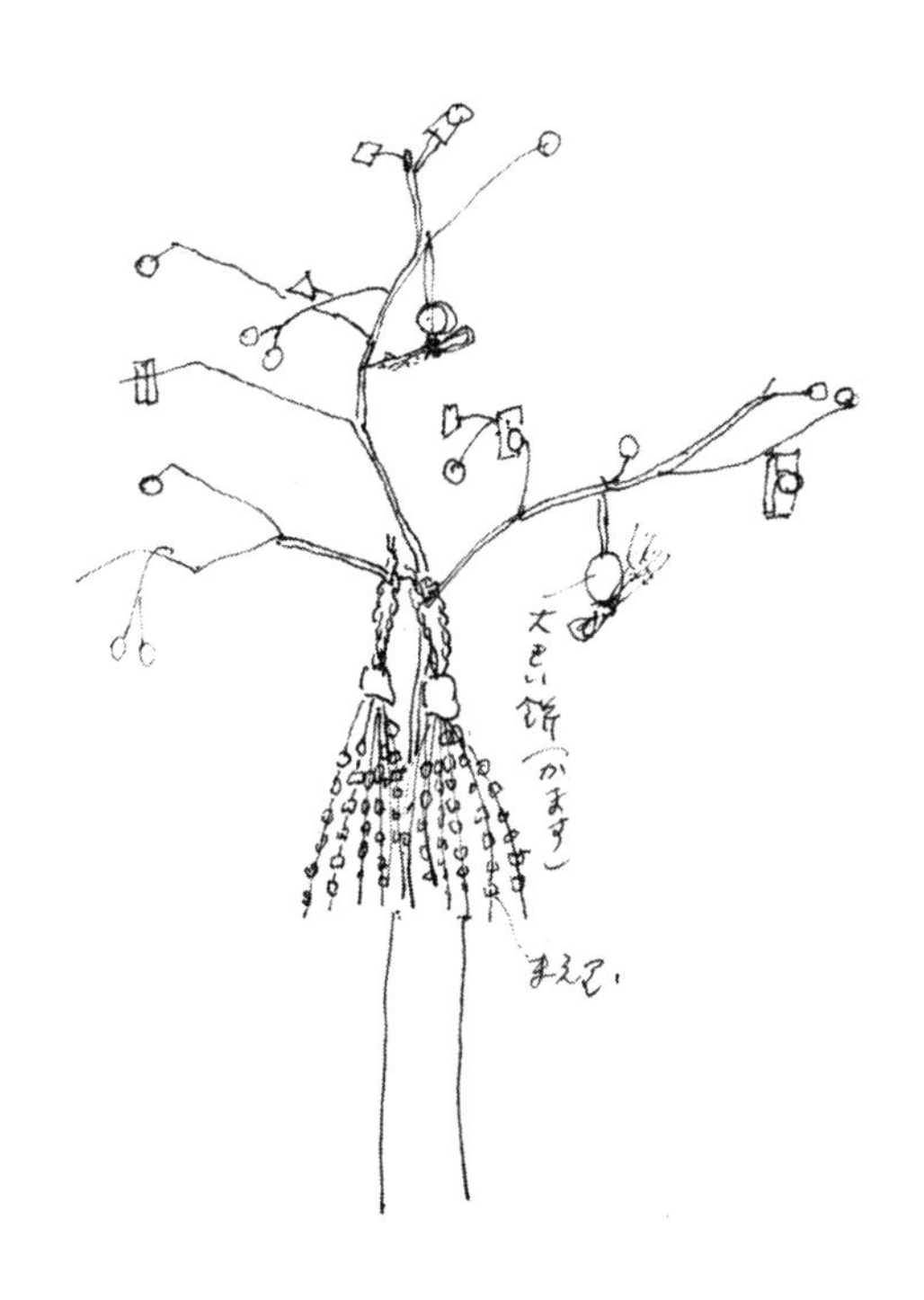

いわい棒

小正月の作り物に、床屋の看板のような、だんだら模様の一品がある。その作り方、指ぐらいの太さのヌルデなどの棒の皮をむき、そのむいた皮か、また水で濡らした藁を螺旋状に巻きつけ、松でいぶして後、皮や藁を除けば美しいだんだら模様が現れる。

このやり方、北から南まで同じなのがおかしい。宮城県雄勝町大須のタツノさんのあたりのその棒のありさまを語ってもらえば、

「カツヌギ（ヌルデ）細いのば、ダンダラにいぶし、いわいぼうと呼ぶ。削りかけと一緒にしてこれを一対戸口にしばってかけ置き、泥棒よけとも、まよけともいう。戸口のは一年中吊るしおき、夢見悪い時、また体弱くて死んだ人の夢見せられたりした時に枕の下に敷かせる」

小浜市矢代の山下さん、

「ユルダ（ヌルデ）一尺五寸ほどのものに、ぬれ藁巻いてジン（肥松）でいぶし、神さん、舟などに供える。一四日晩、子ら神のを下ろして一人一本ずつ持ち、戸をたたく」

同じところ小浜市田烏のアキさんは、私が取材当時八四歳であったが、

「イワンジョ（ヌルデ）で作り、門の両側に一本ずつ立て、一八日にとって普通の焚物のようにする。それとは別に、子二本ずつ持って打ち合わせる。ほん昔（自分の子どもの頃も）は戸叩いたそやけどな」

対馬の上県町伊奈での名前はコッパラ、無地のまま残す方に三ヶ所削りかけ、門松、神仏その他に供える。子ども集まって村中叩きまわる。

屋久島の楠川ではハーマキという。「皮まき」であろうか。タブ（イヌビワ）皮むいたのに、また斜めに巻きつけ、いぶす。

「ハーマキちゅうのもきれいなもんでしたがよな。それを男の子が嫁女ん衆に塗りおった」

そうなのである。この棒を持って、俄然子どもたちは威勢がよくなり、大きい小さい連れになり、または家ごとに、地面を叩き、家々の柵や戸を叩き、嫁女の尻を叩き、果ては成り物のなる柿の木などを叩いてまわる。

もともと、悪いもの（魔もの）が這入りこみさえしなければ、村は安泰なのであり、年のはじめに当って、それらを叩き出して置きたいのである。病気を持った者などことにそうしたいわい棒でなでたり腰さっすたりしてもらうのだし、体の中にもう一つの部屋の持っている嫁や娘は、狙いうちにもされるのだ。

成り木もそれと同じで、成りが悪く、みのりの少ない木は、悪いものが取りついているに相違なく、それらにもこの力ある棒のお見舞をするのである。

成木責めには、鉈(なた)などが持ち出されるのも多くの地である。私の田舎などでもそうだった。二人が連れで行って、一人が鉈で傷つけながらに「成っか、成らねが」、一方が答えて「成り申す」「成り申す」と応答する。これなども成木にも霊ある、魂あるというのではなくて、単に魔ものは刃物、ひいては金物を嫌うというだけである。

それというのも魔ものを祓うに力あるこのいわい棒は何であろう。門松は、足許の割木とか、焚木の束を転がして置いたりするなど、門で火焚きが行われた跡だろうと見ているのだが、その門松を除いた跡などに立てられるのである。

それにこの材料がほとんどヌルデであること、正月にはヌルデの木がなくてはならない木である。もっぱら箸になどされ、それはそれで意味があるかと思えば、かつ節まで太い箸が作られたりしながら、終っていろりの焚物にされる。そのはねる音が家内をよく祓った筈で、このヌルデというのはお護摩たきの、あの護摩木に選ばれているのである。

つまり、火に会ってはじき音を立てる、ぱちぱち火を飛ばす、火の粉の舞い飛ぶ、火の勢い盛んに燃え立つ姿を映したのが、このだんだら棒なのではなかったかと思う。

このだんだら模様の棒をもって子どもが村中に散らばる。村はくまなく火の粉によって満たされたのではなかろうか。

前ごろ火の魔に強いこと述べたが、生れだちの子など、ことに夜連れて出る時など、すべからく、火の墨（鍋墨）を額にいただいているのである。墨でなければ火縄であり、紅であり、燃え尻なのだ。燃え尻なども人はひどく当てにすること、トンド（竹を鳴らすなどまよけの火と思われる）の燃え尻など、門に立てたり、屋根にのせたり、箸にしたり、火吹竹にしたりとお得意である。私は前に小浜市矢代で、小さな社の鳥居にかかった、振り分けに二つずつ結んだ燃え尻の群を見たことがある。

ことのついでに「十二月」と呼ばれる、節分のように戸、窓にさし、墓にも立てるものも見ておこう。やはり多くヌルデなどで細い丸木を二つに割り、割り面に「十二月」などと書くものだが、中には横に線を書き、まだらのいわい棒にそっくりだ。私が目にしたのは静岡県水窪町西浦の墓で近くにいた人に説明を受けると、字が書けない人が線描きするのだといった。だが、字を書くのなどは後の世のことで、その前は全部が線描きだったのだろう。

水窪町の小畑で七〇代の男性にうかがったところ、オニオドシといって、栗かクルミで作る。今は十二月と書くが、もとは炭で横線を描き「鬼のあばら骨」だといったとのことだった。

ところで、能や、歌舞伎に出て来る鬼女の持つ杖はだんだら模様である。他の者の杖にこうしたものがなく、これを採物にするのは鬼だけなのだ。

西洋の魔女は箒に乗って空を飛ぶという。日本の鬼は、だんだら模様の杖を持って現れる。あれはいわい棒でもって叩き出されていく図であろうか。

削り掛け

一本の細い棒を削り上げ、それを欠き落すことなく、少なくは三枚、おおいのは何段にも重ねて、花のようにする。これが削り掛けである。ところによってはそれは民芸玩具の鷽（うそ）ポの羽根を重ねたようにもお鷹ボッポの尾羽根のようにもなるらしい。もっとも細く長い削りくずが出るようにカンナを使って二段、三段にも作るところも多く、天草半島の栖本町湯船原では「七段にも削ったりする」という人があった。

じつは小正月のいわい棒は、だんだら模様のいわい棒よりも断然こちらの方が多いのである。扱いは同じ、門口に立てられ、だんだら模様のと対になって門松の跡に置かれ、子の手に握られて三々五々、家を叩き、女や成木を叩いてまわる。

この日は「鳥追い」などと称し、唄もうたうのだが、一例だけ挙げる。天草の有明町島子での様子である。

「太くて長い削り花（柳）を持って子ども二、三人連んのうじ家々まわり、戸口の柱でん、上がりだんでん叩く」

はなまんじゅ　こまんじゅ
街には千石、せまちにゃ千石
万ざいろくといおうたり
とす　とす

餅をくれた家には、

ここん家(え)は栄えろ
年がら年中栄えろ

餅をくれない家には、

ここん家(え)は　栄ゆんな
火事の出てつんもえろ

ここでは削り掛けをハナマンジュウというのである。

また成木の許に行っては、

なーいなーい
成らんというと
山よき持って来て
切いたおすど

これは屋久島の原の唄。

この削り掛けもほとんどがヌルデの木で作られる。九州地方ではハゼといっているのを使うが、本当のハゼはひどくかぶれるので、ヌルデかヤマウルシなのであろう。この類はみな一様にゴマギ（ヌルデ）に遜色なくはねるのである。

前のまだらの棒もまよけに力ある火に関わるものだろうと述べた。そして削り掛けもまた同じ類だと私には思われる。

こういうと抽象的なものの見方をすると嘆じられるであろうが、私たちは火（ひいては陽）がまよけに最大たることは知っている、出来ればその火を持ち運び、処々にも飾りたいのであるが、それもならず、子どもが持ち歩いても安全なように火の姿を事物にうつして持ち運んだのではなかったろうか。だんだら模様のいわい棒は、その火に逢わせているのだから、火そのものと見ることもそう難しくない。こちらはその点、火の粉とはじけ散ったさまであろうか。ぱちぱちはじけ、もうもうと勢いみなぎり、輪を重ねる、炎をうつしたものであろうか。

これにはそう思わせられる例が幾つかある。

一つは私も見たものであるが、昭和五七年山口県長門市通で、ロクドウのロウソク立ての上に削り花を見た。何でも葬いの時には反対にするので、それは逆向きに立てられていたのであるが、間違いもなく削り掛けであった。

同じく長門市通で明治二八年生れの大野市作さんにうかがった。削り掛けをサカバナといって、葬式の折の香炉に立てるとのことだった。

「材料は杉、五寸丈のそれを下から削り掛けてしやごまのようになったものを、香立ての灰に立てる。一本、葬列に持ち行き、墓でも中陰（四十九日）までそのまま立てておく」

じつは、同じところで六〇代の婦人にも教わったが、こちらは「香炉に立てるのは、紙を切り込んで棒に巻いたもの、墓に中陰まで立てとる。中で香たく」といった。すでに削り掛けではなくなっているのだ。

会葬者が持ったり、葬式につき物の箸ほどのものにピラピラ紙の巻いた、奇妙な紙花の由来もこんなところにあるのかも知れないのだ。

そういえば福岡の大島では、葬式には棺を運ぶ共同の輿が出来ている。その四隅に、赤と白紙を重ねて切った四本が立つのであった。対馬などでは輿の前後にロウソクを立てるのである。

最後にもう一つ、三重県の熊野市のあたりを歩いたのは、二月の一八日（昭和六〇年）であった。育生町長井まで来て私は門に節分の飾りつけを見た。家の前に門柱を構えている、その門柱に寄せて西側に立っている。それが削り掛けであった。ヒイラギの枝と共に立ててある。

その様子を近所の人たちに問えば、材はヒノキ、これを巾三センチ、長さ三〇センチぐらいのを削り、ケズリバナという。頭を割って魚をはさみ、門口（庭入り口）に立てる。かざりさま（門松）立てた場所だそうだ。いつ納めるともきまりはなく、そのままほって、おく、自然になくなると。

これをオニノメッキと呼ぶと教えてくれた人もいた。ヒノキの削り掛けに魚はさんで、ヒイラギと共に門口の地に立てるものだと。

節分には、バチバチいう焚物を燃やして豆を炒り、ヤツカガシを焦がすのは周知のことながら、その火や燠を門口に出して置いたりするものである。

火のいぶきをいただいただんだら棒を振りかざし、天焦がし、舞い上がる炎の棒を携えて村は火の粉に包まれ、ドンド焼のお祓い火のように炎に包まれたのではなかろうか。

松

前に門松は門で火を焚いた。すなわち、門でマツ（肥松）を焚いた名残りではないかと書いたことがあった。（『行事とものの け』）

門松の置かれる家の庭先は通常厄払いの置かれる場所であることがまず一番。それに門松の足許にある割木の山が二番。飾りのように一つ並べに据えるだけでなく、堂々たる丸木を立てかけるところがあり、焚木の束を束なりに二、三束、転がして置くところもあるのである。

どうしても火を焚いた形だが、火を焚くには昔はみな松火だった。その意味で、そこには肥松の二、三本を添えて置いたであろう。それが緑もすがすがしい生きた松の枝が伐っておかれることになった。

こんな趣旨である。そしてその時にこうも書いた。

「委しい紹介は避けるが、盆の火をしてカドマツと称している地も方々にあるのである」

ここではその折、省略した部分をまず述べてみようと思う。

旅をして、人々の話を聞くうちに「カドマツ」の語が出てくると、どうしてもこちらは時には必要以上にも耳をそば立ててしまうのである。以下はそのことば群、

「盆にカドマツたく。墓から帰ってカドマツたく」

これは岩手の最北部増子内の奥フジさん（明治三二年生れ）である。

三重県熊野市育生町長井のかめのさんからは、カドマツの説明も受けている。

「カドマツてゆての、竹にマツしばりつけてカド（庭）で燃す。新盆の家ではマツダイ（松たいまつ）墓までの間に立てていっせいに火つける。マツのせんたいいいやったが今はロウソク。カドマツは家の軒ぐらいの高さ、一本。せんたいはずっと低い」

「夕方カドマツに火つける」

こういったのは三重県紀和町平谷でたみえさんである。この町か熊野市か不確かだが、下大平という集落では、竹は三メートル位、枝残したのにマツをつけることで、カドマツというと説明受けている。

これは、熊野市長井で川畑貞穂さん（明治三七年生れ）にも同じように聞いている。

「マツ細く割ったの束ねて二ヶ所しばる。竹、下に枝葉三節ほど残し、末切ったのにつきさす。三間ぐらいの長さ、一本だけ。カド（庭）で燃す。倒して火をつけ、それから立てるのだ。三〇分ぐらい燃えている。盆の間毎晩新しいマツつけ、カドマツ焚く」

この時は昭和六〇年であったが、それより数年前に歩いた南の南勢町泉でもこの話を聞いている。

「カドマツをたくんやな、十四、十五、十六日とたく。マツをはよたけといって。十六日は寺にみな集まって送り念仏やり、踊る」

同じ町斎田でも、

「カドマツ、十三、十四、十五の三日間、道から家屋に入るところ両側でたく。松の芯（肥松）を四、五本盆用のマツとして取っておく」

盆ではないが、山口県の萩市大島では、山本そめさんがこんなにいった。

「雨乞いにカドマツ焚いたと聞く。かどで火を焚く」

さもありなんと私は一人うなずく。じつはこれより数年前の昭和五五年、雨乞いではなくて、日和乞いに焚いた松の燃え尻を私は見ている。この年は冷夏の異常気象で、稲はみのらず青立ちのままというさんたんたるさまであったが、北海道から舟で渡り着いた八戸も、二週間雨が降り続いたとのことであった。この市の南西端にある村であったろうと思う、家の前に燃え尻が出してある。一軒ばかりでなく、二軒も三軒もだった。投げ出したように散らばったのもあれば、門口にちょうど火を焚いたばかりのさまに固めてもあったのである。

南郷村の世増でその説明を受ければ、日和乞いなんだという。

「日和乞いするから火を焚くように触れがある。門で松をたく、ただの火だと消えやすい。一週間も続ける。今はしない」

同じ村島守で、関畑栄吉さんもヒヨリゴイといい、

「カドビ、一週間ぐらい、夕方門でマツ焚く」

雷の鳴った時、正月の粥搔棒（ヌルデ）などをとって置き、火をつけて表に放り出すのは、他でもよくやることである。

こんなことで人々は何かというと火を焚いたらしい。「いわい棒」のところでもいったことだが、火をお祓いもの一番の位に置いている人たちが、年のはじめの最大祓いごとの必要な時に、その火を使わなかったことが考えられないからである。

門松は門でマツが焚かれた。火をマツ、オマツと呼ぶことが沖縄などに行われているが、火といえばマツ（肥松）を焚き、マツといえば火を焚くと同じ意味だったから、その語も移ったことだったろう。

門松の異様な姿、竹はその火にくらべられて鳴り響く音を現したものだし、松は火そのもの弁じて添えられたものだった。だから松枝、姫小松など、さしかかげられたり、添いおかれたり、絵に描かれたりしているところには元、火があったと見てもよいのである。

能舞台には、後ろの羽目板に大きな松の絵が描かれる。歌舞伎などもそれは同じだが、こちらは前を真似たものだろう。他の木ではない。必ず松である。

それから奇妙なのは、正面および橋がかりにかけて生の丈低い松の木が挿しおかれることだ。能楽堂に入った者は誰でも面喰らうであろう。一瞬、我が屋内にいるのか外にいるのか混乱する。

あれらの松も元マツの火であろう。薪能と同じく、大小の篝火を燃やして演じられたものと思う。もともと能はあの世の亡者が出現するもので、それらが僧などの経を受けて成仏する筋である。日中に演じることはなく、日暮れから夜中にかけて、非業な死を遂げたこれらをなぐさめ、あの世に返す。前に山形の黒川能を見たが、ぐるり太いロウソクに囲まれ、夜を徹して行われるのであった。ロウソクの前は、もちろん火に包まれていた筈である。

かち栗

秩父市の郊外、浦山に住んだ頃には、いろりがあった。昔の百姓屋を借りたので、大きな家で土間を入ったところにはいろりがあるのである。

ある時、かち栗があったのを思い出し、仕末しておこうといろりの傍に持ち出した。原始の採集人にもどるらしく、いつもこれの落ちる頃になると拾いに行かなくてはならない。人にも送ったりした挙句、食べ切れないものは糸で継げていろりの自在鉤の上に吊るし、かち栗にしておいた。それがクッキーの缶などに詰めて三つ四つある。その時は平成元年だったのだが、あきれたことには、昭和五九年、六〇年、六一年と数年前からのをとってある。が、まさか田舎の人でも、また原始人でもそんな前からのを食べることもないだろう。味も変っているだろうと食べてみると、これは驚き、五九年のも、前々年のもほとんど違っていなかったのである。栗の保存法にはこれがどんなに優れたものであったかを思い、またクッキー缶のような湿気の入らないものがない昔はこうもいくまい、何にしても昔の家を守った煤の威力ここにもあったのだと、とつおいつ感じ入ったものであった。

しかし私の大発見はこれからであった。

わずかなものであるものの、一つ一つ口でむくのはかなわないから、一枚の板と木槌をもって一つずつ叩いて中身をとり出したのである。そして何気なしにその粉々になった殻を件のいろりの火にくべた。とたんに押し寄せるさざ波のごと、いっせいにパチパチ、ピシッ、プシッいろりが鳴り出したことである。

茹で栗でも、栗飯にするにむいた生の皮でも、いろりにくべることはあったが、水分が弾けるのだろうぐらいにしか考えず、これをもって栗皮の弾けるのをはじめて知ったのであった。

かち栗は正月に食べさせられるので多くの人が知っているだろう。お茶や梅干しと共にてんでに分け与えられたかち栗を食べることから正月ははじまる。

かち栗は皮をとるに臼に搗(か)つから搗栗だといわれている。その搗つが勝つと通じるために正月などの縁起物にされている、というのが広辞苑などの説である。

でもそうなのであろうか。文字どおり勝つで、この弾け音によって相手を飛びしさらせる。まよけというもの、面向けて勢いの強い方が勝つのであり、火をとばして相手に優位に立つ、すなわち相手に勝つ品物、まよけの品なのではなかろうか。

じつは正月には、大晦日からはじまって鳴り音が仕組まれているのである。海の傍ではウバメ、陸の方では豆がらなどで音を作るのである。ウバメの焚き音を機関銃のようなと聞かす人もいるのだが、その中にヌルデも加わる。

ヌルデという木を知らないという人も多いだろうが、子どもの時塩の木を舐めたあの木といったら思い出す人も沢山だろう。バチバチはねるので護摩壇に焚かれる護摩木といったらなお知った方も増えるであろう。

この木の類はひどくはねる。ウルシ類だが、まさか本物のウルシを焚いたら、その煙に逢ってもかぶれるぐらいで、そうもならず、その類のヌルデが代表をつとめるらしい。

小正月には、この箸が家族に作り与えられる。それがタワラ（俵）バシとか、ハラミ（孕）バシとか呼ばれる真中太く、先細りの恐ろしく不細工なものだが、食事の終ったあとにはいろりにくべられる。昔の一〇人かその前後の大人数の家族である。ちょっとしたお護摩たきの様相を呈したのではなかろうか。

ヌルデはこんなだから焚木には伐って来ない。誰からも相手にされない。外のかまどでもなければ焚くことはない。そういえば正月の餅をつく時にどうでもヌルデを燃やす山口県徳地町の例などもあるが、これは外かまどであった。餅が一つが二つになるなどいって何背負いかとって来て燃すのである。だが、もちろん昔は、焼け焦げの恐れる家財でない時代には、前の箸を燃したように、内部の火のもとでたかれたのであろう。

このヌルデの名前をカツノキという。こちらはかつ（搗つ）と関係ないのだから、とうぜんそのはねる勢いで相手にかつ（勝つ）の勝であろう。秩父でなどオッカド（門）がヌルデの名前で、ここでは門口に立てて家の守りにさせられているのである。

かち栗もまたなりは小さいけれど、これに呼応して、内の守りについていたのだろう。

栗の木はいろんな行事に持ち出される。お盆に栗の枝を飾るところがあるし、九月の月見にも飾られる、栗の実にはほど遠いと思われるのに、花のような毬が付いたばかりを供えるのである。正月には栗丸太の門松からはじまって、マエ玉の木にされたり、春の田植にはそれこそ水口に立てるなど、数限りない。だがこれをしもかち栗のせいと見る必要はない。栗の木それ自体がはねる木なのである。

これもまた私ははじめて知ったのであるけれど、部屋の床板の一枚の腐れを修繕したことがある。いやに重いと思われたその切れ端を火にくべた。この時の恐ろしさは今なお身に滲みている。ちょうど火が燃え盛って来た時だった。傍に寄るのも恐ろしい、力をこめた、時も置かない鳴り音の中、この木か、この木かとはじく木をさがして、そのまま土間に放り出した。

人はヌルデがいちばんで、栗の木はその次ぐらいにいう。だが私としたことならば、あの、たわめ込んだ力と、それを弾き出す、切羽詰まったようしゃのない鳴り音と、あのようにはねるものにははじめてあったのだ。

「栗の木さ三年あたれば柔道覚える」と教えたのは、岩手県宮古市の宮崎さんであった。飛ぶ火を受け取るからだと。

せっく

せっくは「節句」と書くがあれは間違いである。節日に神に供えものをした、故に「節供」と書くべきであるとは、柳田国男が提唱した説だったであろうか。多くの民俗学者や広辞苑なども古い字と共にこの案を受け入れているようである。

私のいちばん最初の本の時の原稿、これは入りきれず省いたものであるけれど、「節句」と書いたところを編集者がいちいち「節供」になおしてくれている。今見ると懐かしい。でも本当はそのどちらでもないようである。もともと私たちは、文字を馳ってことばを覚えていたわけではないのだ。

節句は、三月の節句からはじまって、五月の節句、九月九日の重陽の節句などが一般にいわれる節句であるが、じっさいに人の話を聞くと、これがまだまだ多い。

まず「煤はきぜっく」がある。岩手の宮古市重茂では少しばかりの御馳走を作って、はいた煤を家の前方に三ヶ所盛りおき、火をつけていぶす。

また「線香」のところの「時ぜっく」もあるのだった。

奥多摩町には
「オカラクゼック」

がある。

オカラクはシトギ（生粉の団子）のことで一一月七日、前の年の正月一五日祈願したのをほどくのだといって、藁づとにオカラクをのせたのと酒と幣を供える。

上甑島は八月一日の女子の弁当開きを
「バッコウせっく」

というし、天草では夏越を
「ナガシゼック」

という。

島根の平田市塩津でうめのさんは、五月節句をせきさんといった。五月のせきさんには、カヤをしばったもので、

「いわってやーよ」

子ども同士たたき合うそうだ。

この「せき」を加えるなら、例はずっと多くなる。「せきに縫いぞめの針を買う」（溝口町福島）とな

ダり、正月のブリは「せっきに用意する」（日南町大菅）になり、江府町御机では正月餅を蒸すのにヌルダ（ヌルデ）を焚く。そのヌルダは「昔はせっきにこりおりましたぜ」となる。
いずれも暮の一二月をいっていて、ところによっては「せき」は「せっき」にも、「せいけ」にもなるのである。そのためさらに、
「門松は十三日ぜくに伐ってくる。マテの木」（佐賀県玄海町座川内）
となり、
正月餅を
「せきに搗いたら火事がある」（鳥取県江府町御机）
になり、
「せきの一五日はさいの神さん」（鳥取県大山町鈑戸）
となり、
串にホシカの頭をさすのが、
「一三日のせきだったずらな」（赤碕町大父）
になる。
これはまた、ただ「せつ」、「せち」とも呼ばれるようであるから、正月にたかれる薪がセヅギになり、セチシバになり、子どもがトンドにもらい歩く詞も「せちしばくらっせ」となるのだ。

与論島では三月節句を「ウナグ（女）ノシク」といっていた。当地方、奄美諸島や、沖縄ではハルノシチとかウシーノシチ、ヒンガンノシチ、シーミーノシチというように、このシク、シチが我々のいう「せっく」、「せきさん」に当るのだろう。

一年の行事はすべからく迷惑なものを祓うことにあったと思われる。かつては日ごと月ごとその業に奔走していたのだろうけれど、だんだん省略されて、月に一回、年に一回などとなった。その際、誰にもアピールする数字を並べた、三月三日、五月五日だったりする。三月節句には、海、川のものを食べないと蛆になると川降り（多分はみそぎ）をすすめたり、五月五日はまよけの植物で家を葺き、身に添え置こうとする。九月一日の節句でも同じくまよけに使われる、あのくさい菊をひたした酒を飲むのである。そしてこのお祓いは年に一回の大祓い、一二月に集中した。

それではさて、節句「せっく」とは何であろうか。

私には子どもの頃さんざん遊んだせきのことが頭にのぼる。田んぼの間の小さな流れであるのだが、これをせき止めようとするなら、子どもの泥遊びのように少しの石や土で流れかえも出来るのだ。このせきと、これまでいうせっくとは同じことばではなかったのか。一方が地上の水や、土の流れをせきとめるのに対して、他方は時の流れの中で何かがせき止められるものではなかったか。

前にもいうように毎月も、もっと細かくもせきを設けたのであろう。一年の終りに当る月は最大のせきを備えて、もろもろの疑いのあるものはみなそこでふるい落し、虫が脱皮するように、これまた新年の最大のせきにたずさわる前哨戦にしたのであろう。

小川のせき（堰）のように、人の流れをせき止めようとしたのは「関」である。「逢坂の関」とか「須磨の関」とか国のいちばん下にあたるので「下の関」とか。

広辞苑で関に係わる語を調べていたら、「関船」というのに眼がいった。「せき・ぶね（関船）海賊を防ぐために使用した早船。下関で造ったからいう。艪数四二梃だてから八〇梃だてまであった。」

海を持つ国では、海上にも「関」を持つ必要があったのだ。ところで私が眼を丸くしたのは「下関で造ったから関船という」くだり、下関で造ったのもあったかもしれない。だが、どこの国で作っても、海上の関に使われる船は「関船」になる可能性があったのだ。

藁馬

旅をつづける間には、玩具のごとき作り物にも出合い、そのままもらって帰るものもあった。ここに述べる藁馬などもその通りで、一つは佐渡でもらったもの、いろりの部屋に置いたので真黒に煤ぼれ、置く度に長い脚が開いてつんのめった型になるのである。

もう一つは山口あたりでもらったもので、これはハナから荷物になるので小さなカードに映してある。作り手はあらららっという間に作ったので、中でも口の部分半分に藁をしばって、口を開いた型にしたのは見事だった。

こんなことで私は藁馬は玩具だと思っていた。

遊び心をもって、名ばかりの藁を束ねたものから、ついつい子どもの持ち遊びにするような必要以上に見場よく、また大きくも作ったのであろう。終ったあとでは、柿ノ木など成木にぶら下げておいたり、屋根にのせ置いたりするのである。

しかし、あまり頻繁にこの藁馬に出合うと、わけは解らないながら記録には残して置くことになる。どんな折にその藁馬と出合うのか。

長野県北部の美麻村千見では「はらの神送り」といって、八月、藁で馬を作り棒にさして担ぐ。家々では、一四、五センチの色紙を継いで七、八〇センチになったのを、畑からとって来た麻にしばりつけ、その頭にコジロ（麻）と米を包んだおひねりを結わえつける。子一人一本ずつこれを持って、

「はーらの神　おーくれや」

とうたって小川村の境まで行き、そこに立てておいた。

一方、小川村の柏木や高山寺では「ハラの神送り」は八月二七日、麦わらで馬に乗った人形を作り、ハラの神送りと書いた紙旗をつけて子どもがかついで（一人馬、一人人形）ドウロクシン（道祖神）のと

ころで焼いたという。

県南の高遠町松倉なら、藁馬は小正月で、これに餅を乗せてドウロクジンに参り、一四日夕のドンドン焼（左義長）に馬を燃した。

鳥取のあたりもさいの神まつりである。海沿いの村、中山町岡の男の子は、七歳になるぐらいまで毎年藁馬を作ってもらう。背に藁苞にストギ（シトギ）二つ入れたのをつけ、さいの神に持って行く。その後も曳いて遊びたいので、シボ（尻尾）ほど焼いて持ち帰り、しばらく遊んだ後は納める。女の子は皿に団子二つを供えるのだそうだ。

これより内陸部に入った溝口町福島では、藁馬の尻尾をさいの神の前の焚火で焼いて吊り下げる。この時曳いて遊ぶので、持って帰る子もいる。ヨメガサラ（ツゲだという）を燃やし、パリーパリーいわせて叫ぶ。

さいの神は十五日
子どもたちゃ参らんか
大人（おせ）たちゃ　まいるか
銭がなけゃ　かそうか
借りてまでは　参らんわ

行事の唄は何もないと張合いが悪いとばかり、意味もない、他愛ないのが多いのである。

さらに一つ南隣の江府町御机だと、一五日は暗いうちから子が藁馬を負ったりして参る。藁苞二つに団子二つずつ入れたのを家族の数だけ作り、馬にも負わせ、まいって供える。子どもは集会所に集まって大きな藁馬作り、自分たちで作った団子入れ、一二時過ぎると火を焚いて馬を燃す。

県南端の日南町佐木谷では、この団子をシロモチという。シトギのことである。これまでの団子というのも多分にこれかと思われるのだが、シトギは生の粉で作るもので、生きた人たちの食物ではないのである。

さて、佐木谷でのさいの神では、藁馬を作り炭を二つ負わせる。すり鉢で米すり、団子にしてシロモチを作り、これも負わせてさいの神に継いで帰る。

さいの神に継ぐとは、石の塔とか、立木があったのだろう。

「さいの神は馬を上げると喜ぶといって、正月、また子どもが風邪になった時などに藁馬持ってまいる。正月のトイトイでもこの馬を持つ」

こう語ったのは山口県徳地町羽高の田中當松さん（明治二七年生れ）である。

そういえば島根の仁多町呑谷でも一月一四日の夜、子どもが藁馬と袋を縁から投げ込んで「トロヘン、トロヘン」といい、もらいものを取って逃げて行くのを追っかけて水をかけるのだった。

房総半島や茨城、新潟になると藁馬は七夕や盆になるようである。材料も藁とよりはマコモになり、ミチシバになる。

千葉市土気でこれをジャアジャアグルマというのは、車のついた台に馬をのせて、

「じゃあや　じゃあや」

と曳き歩くからだ。ここでは七夕の朝暗いうちに起き、マコモの馬を右のように叫んで曳き行き、畔の草をちぎって帰る。

富山町平群では、やはり七夕にミチシバで馬を作り、子持って野に行き、草を刈って二つ束ねて馬につけて帰ったあと、馬屋の屋根にのせておくという。

半島のつけ根にも近くなる東海岸の白子町や大綱白里町でも、七夕で、車の台にのせるのも共通、道中、「かやかや馬さん、はや起きて面洗え」（白子町剃金納屋）とか、「かやかやどこだ、茂原の宿だ、早く起きて、来やがれ」などと叫ぶのであるが、家に帰ったら戸口のところに据えおくというのは珍しい。

新潟のいちばん北の山北町笹川でも、盆に馬はミヅシバ（ミチシバ）で作り、七日、迎えだといって川に流すという。ここでは一三日盆棚のキュウリの馬など供え物も川に流すのだ。

ずいぶん長い例になってしまったが、読者には正体不明の有象無象の藁馬たちと映るだろう。私の聞き取ったのはほんのわずかで、じっさいには藁馬はもっとさまざまな場合に顔を出し、国中の地に満ち満ちていたのだろう。

馬には笑ってしまうような呪いが沢山ある。お多福風邪の子を馬にして治してもらったり、命とりのハシカには馬の飼葉桶をかぶせたり、お産をする時も、わざわざ馬屋の中を選んだり、これの近くに陣取ったり、産がとどこおれば馬を曳き出したり、産褥の間も馬鍬の上に身をおき、子の夜泣きには馬の足跡のついた泥を枕元に置いたりする。

馬は災いをよけるのである。その理由がどの辺にあるか多分、人をも踏み潰しかねない激しさと猛々しさを持った大きな動物であるというのであろう。熊や、猪のきばや手がまよけになるようにである。大きい社寺には、仁王様ともどもまよけのわらじなどの置かれる一画に厩の設けてあるのがある。つまりは大昔の人々が馬と一つ家に暮らしていたのなども理由はそれかも知れないのである。

それはともかく、自分も頼りにするまよけを神にも贈呈したいのが人情である。何か願いごとや命にかかわることがある場合にはことさらだ。それで、大きな希いに見当った大きな図体のまよけを贈ることを欲したが、このまよけは生身で、もらった神様も扱いがままならない。故に板の上に姿をうつし取って、絵馬として差し上げた。これが絵馬の起りであろう。

また前おきが長くなってしまったが、絵師などを抱える地方ではこれも難なくなし終えたであろう。なにしろ、魂魄の入ったそれなど、夜中に額を抜け出して水飲みに行ったぐらいなのである。その絵馬に代るべく、百姓は藁や草で馬を作った。板に姿を描くより、立体感のある形のままに映す方が楽だったかも知れないのだが、これが草の馬の起源だろうと思う。

大昔の話も前に出したが、ついでにいうなら、古代の后（きさき）が馬屋の前で産気づいたために、生れ子に厩戸皇子（うまやどのおうじ）と名付けたのも、たまたま行き合わしたからでなく、そこを産屋に選んだのだろうし、キリストの誕生にも、彼の両親は他に行きどころなくやむなく厩で出産したのではなく、真先かけて馬の傍を頼って行ったのだったと思われる。

針供養

針供養は一二月八日か二月八日、毎年この近くになると何かと話題になる。縫物を成り業としている人たちなど殊に一大イベントで、師匠の家に一同が集まり、豆腐に折れた針を差し、床の間に飾って、経を上げたり、拝んだりする。

ずいぶん思いやりの深いものだ。針は貴重なもので、ところによっては女は子を死なせるより針をなくした時の方が泣くと笑い話にもされるほど。折れた針を供養するという気持もわからなくはない。だが、他の道具類、いずれも針と同じように人々を助け、恩恵を与えているもので、針の他にこのような供養を受けているのがあったであろうか。

一二月八日に行われるという、この日が第一気に入らない。当日は、二月八日と共にコトという呼び名で各地に行われている祓いごとの日である。

私の在所でのことなどを思い出しても、この日はカラスダンゴとて、ミズキの真赤な枝に小豆まぶしの団子をさしたのを辻に立て、家族中の身を撫でまわした紙を棒の先につけて、村の辻に持っていくものであった。

他ではどんなことをするといえば、冬中の風の神を送るとか、竹の先に藁の人形をくくり、「こーと神を送るよ(おーく)」などといって送り物をする。

静岡市井川でなど、桧しばで作った御輿をかつぎ、笛・太鼓で集落、集落ごとねり歩き、

おーくり神を　ぼっこくれ

と唱えて、末は川に流す。途中にひっかかったりすると、突きやり、本流に向かわせる。

御前崎では、

おーくりがみ　かんぜ
銭も金も　みなかんぜ

この送り手がもっぱら子どもの仕事にまわされていて、集まった銭金は彼らの飲み食いにまわされるらしい。

主に関東では、この日節分と同じ目籠が出され、ニンニク、豆腐の串ざしされたものが戸口に立てられる。この豆腐を食することは、この日の趣旨に添って、腹の払いにもなるというのだ。田楽にして食べる地方もある。

この団子を島根の掛合町中組では「八日団子」と呼び、針ぼうずに針をさしたのに団子を供える。針が足に立たんという。これの東にある仁多町呑谷でだと、団子は焼餅に代り、鍋に油をひいて焼く。餡の代りに唐辛子や味噌を入れて笑わせたそうだ。そしてその焼餅には針をさして川へ流した。

その北の海のそば平田市塩津では、おやきを作り（中に餡）、折れた針をさして海に流した。

同じくその西、出雲大社のある大社町鷺浦では、「八日やき」といってオヤキを焼き、針を立てて、翌九日朝に川に流した。

団子やお焼に針をさすといったら、これは只ごとでない。よっぽど憎くて堪らないもの、決して寄ってもらいたくないものらに、二度と来るなの呪意を込めてかくの処置に出たものだろう。藁人形に釘さす心である。

じつは、これと同じしわざがなされる折が葬式にも見られる。「枕飯」などと呼ばれるもの、死者の弁当なんぞといわれるが、その調理の異状さ、生のままの米があったり米糠の団子があったり、死者に当てたものとは到底思われないのであるが、この時の飯や団子に針がさされる。「団子の一つに針一本」さしたり、「団子三つに針一本ずつ」さしたり、「こぬか団子に針」さしたりされる。人の死の折にも金輪際寄ってもらいたくない、逐ってしまいたいものがいるのだ。

豆腐に針をさすのは、豆腐が門口に立てられたようにまよけの品物であったのだろうが、おかしいことにこの日の団子は粗末なしいな米とか、砕け米で搗かれるのである。それでコト神は一二月の八日に家を出、正月神と途中で逢って、御馳走のくらべ合いをし、正月さまは大層なもてなしを受けるのにこちらは鳥のツジョ（餌）のようないりご（しいな）の団子だけと嘆く話もある。

そういうと思い出す。私の在所の「からす団子」も、作り方は人の食べるのと同じであったが、夕方薄暗がりに立てる団子の方は味をつけない。小豆汁はくぐすのだが、砂糖味も塩味もなくて、私たち子どもは烏の泣き真似をしたりしながらその団子をとって食べるのであったが、味けない、多くは食べられない代物であった。もともとカラス（悪神）のものであり、人はついでに食べただけなのだろう。わずかばかりの団子や何やら用意するのは、「おくりもの」の常道である。

七

衣

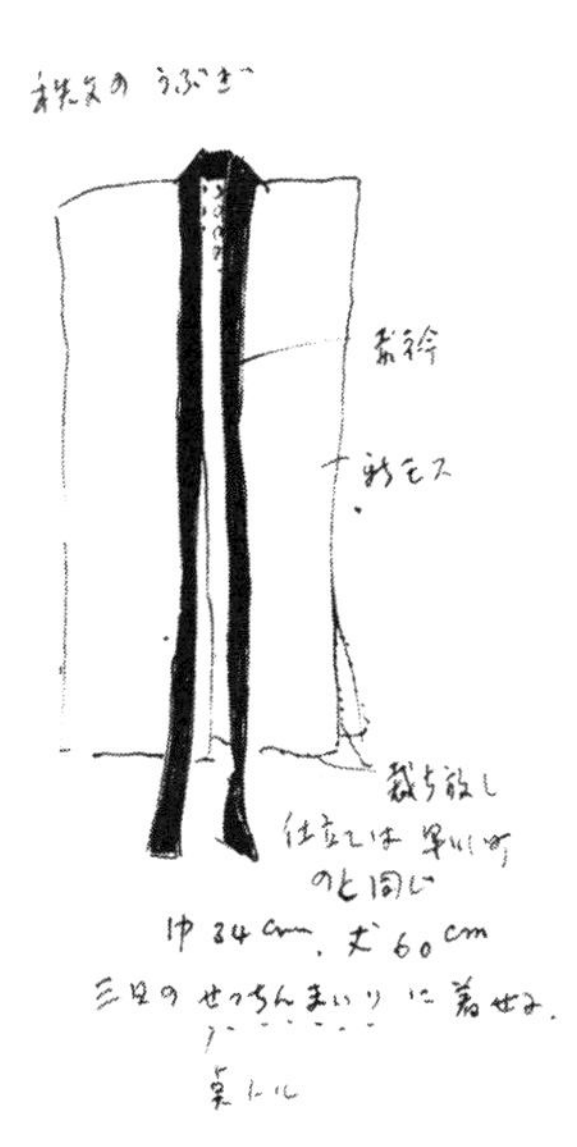
秩父のうぶぎ
赤衿
新モス
裁ち放し
仕立ては 早川町
のと同じ
巾34cm、丈60cm
三日のせっちんまいりに着せる。

衣重ねる

私の在所では、死人はたらいでザブザブ洗い、裸に晒の白い死装束を着せる。ただこれだけだった。座棺で一人が背負って行く。これ以上重くならないようにだったろう。

だから、岩手の久慈市で次のように聞いた時は耳を疑った。

「死人には着物を五、六枚も着せ、上に紫、その上に白を着せる。大変重くなる。棺にも紫、白、赤の紙を貼る」

この時は昭和五二年で、明治二五年生れの坂本八十さんに話をきいたのだった。老齢なので途中から家族も心配したほどで、そう長くはなかったのだけれど、記憶は細かく、今その時に会っているように、よどみなく声に力もあって昔の風習を聞かした。

だから、この人の言にいつわりはない。現にこれより南の岩泉町小本でも似た話を聞いている。ここ小本でも小成チヨさんという、まだ外働きもする明治二九年生れの達者な方にうかがったのである。

「顔袋前に垂れる方長く縫ったのをすっぽり頭にかぶせる。着物三枚縫って二枚逆さ（裏返し）に着せる。だから昼休みの時など、着物逆さに着んななどいう」

死人を素裸のまま転がしておいたり、荒縄をかけて体をしばったり、たたんだりするところばかりかと思うと、ずいぶん丁寧にするところもあるのである。そういえば最近読んだ、陳舜臣さんの『続・中国発掘物語』に馬王堆一号漢墓の女主が衣を重ねていた、その数じつに二〇枚とあったものである。

さて、ここに棺の中の死人と同じように衣を何枚も重ねて身につける者がいた。花嫁である。嫁さんの色なおしというのも不思議なものである。私などは華美を誇るもの、自分の持ち物を人に誇るもの、着せ替え人形よろしく、何度かに分けて、長い座敷坐りの間中、集まった村人に楽しみを提供するものだろうと思っていた。子どもの時から、今に残るこの風習を不思議と思う反面、愚の骨頂というように眺めていた。

だが、これにも理由があったらしい。まず数人にその様子を聞く。

「三ついしょ（衣裳）、白、黒、赤を揃えて着る。いちばん下に白、次に緋モク、上に黒」

これは滋賀県信楽町小川の杉本ならえさんである。

次いで三重県の白山町古市で一人のおばあさんは、

「嫁、綿帽子かぶる。中宿で着替え、いちばん内に白、次赤、上が黒着て嫁家に入る」

ここでは、勝手口から入り、仏壇におまいりして座敷につく。この時、見物客は生の大豆を嫁に向かって打ちつけるのである。仲人が扇子で嫁をかばってやることだと。

京都府三和町台頭で片山そでさんも、

「衣裳、赤白黒と三枚重ねて着る。盃の時は白になり、それにかつぎかぶる。来る時はアゲボウシ。一緒に来る荷物担ぎ棒はヒノキで、一本はずっと取ってある。今もある筈」

かつぎは白着物、アゲボウシは綿帽子だ。

鳥取県の赤碕町高岡の高力楠子さんは明治四二年生れで、これまでの話し手では若い方である。それで色直しは略されたのであろうか。

「赤、白、黒、三枚の着物重ねて着て来た。三々九度の盃の時も同じ。ジゲ（村）内から人力車で来た。どんな近いところでもかごとか人力とかに乗り来る。降りたら傘さしかけて待っているのでそれさして」

徳島の佐那河内村西府能でも「嫁入りには上に色もの下に白、その下に赤と三重ね着る」といっていた。葬式にはその時の白をかつぎにするのである。

これは全国的な風だと思われる。北の新潟や長野でも重ねることはどうだかわからないが、新潟の安塚町須川で、

「白着物で仏拝み、その後黒着、赤着る」

といっていたし、長野県小川町稲丘では、

「夫婦盃と親子盃は仏壇の前でやる。夫婦盃の時は白モク、親子盃は赤、座敷で宴に坐る時は黒を着る」

といっていた。

着物を重ねるのは、死人に嫁にその上赤子もそうだったようだ。「赤子は千枚も着っだい」というのだそうで、岩手の一番北、軽米町岩崎で川崎タケさんがそれを話してくれた。

「生れて一週間は坐った前に横に寝かせ、着物や何か沢山かぶせておく。赤子は千枚も着っだいといっているんだという。面（つら）も口も出さないように。三日位したら顔だけ出す。親は一週間坐りどうし、赤子の上に膳のせて飯くう」

お膳のせるとは可愛想な赤子だが、お膳といっても、米粥に焼塩ぐらいが産婦の食事だったのだから、大した重量でもなかったのだろう。それにこの風は広いらしく、青森側になる南郷村山田でも、

「一週間坐っている。膝のところに横に赤子を寝せ、着物などかぶせておく」

と、そっくり同じことをいっていた。

これは生月島でも同じようで、

「赤子は夏でも冬の寒風（かんぷ）」

などといってよけいに着せるのである。生月島壱部では、さんや（三日目）に身近な者一人、二人来て、あかねの肌着やあかねのあわせを縫う。それまでは手を通すものを着せず、綿とかドンザなどにくるんでおくのだ。

さて、死人と花嫁と赤ん坊とは、いつもまよけにセットとなって顔を出す。米を噛む散米などもそう

だし、白い綿帽子をかぶるのもそうだし、顔のどこかに紅をぬるのもそうだ。この人たちはわけてもまよけに心尽くす必要のある人たちであった。片や荒神の姿現して家族の命奪われた人たち、片やこの世に生れ出たはいいけれど、あの世とこの世の堺にあって命混沌としている生れ子、それを生み出すに力つくして容易にあちらの世に引っ張られかねない母親、何といってもこの人たちは命がかかった極みであったのである。

少し余分になるが、葬式と結婚式の類似はよくいわれることで、白モクから、綿帽子、かつぎなど、両用されることなどでも人々の関心をひかないでいないのだが、その一つ、前の話にあった、どんなに近くからでも人力で来たというのがあった。昔ならこれは、馬やらかごだったのだ。道中にこんな手をかけない代り、家を入る時だけ背負ったり、抱いたりは全国的で、おそらく足跡をかくすためにあるのだろう。その他、水をかけたり、塩をかけたり、豆を打ったりもするが、これも、ついてくるかも知れない、悪業をなすモノらを逐い払うためだ。

ところで花嫁の衣裳に赤、白、黒と三色があった。赤、白がまよけの色であることはこれまでも述べたが、黒もまよけの色らしいのである。赤は陽の色でもまた火の色でもあった。黒はそれの休んだ状態、炭を現したものであろうか。

平成になってからは取材の旅をしたことも少ないのだが、一一年、思い立って奈良、吉野地方を短い時間にまわった。そのとき、雷の鳴った時の面白い呪いを聞いた。東吉野村十津川で南隆雄さんがこう教えたのだ。

「蚊帳に入り、よぎ引きかぶっている。三重なったらよう通さんといって」

吉野町国栖で一人のおばあさんも、

「蚊帳吊る。屋根、天井とで三とこよう抜かんねといって」

雷こそは悪神の最たるものであった。天の上を空気を震わす息使いもあらあらしく、豪砲を打ち、怒りでふくらんだ体からは炎の息を吐き、地団駄をふんで馳け巡る。これ以上恐ろしいものはないのである。どこにかくれようが、天の下かくれようがない。せいぜいまよけの蚊帳、またまよけを施していたであろう衣とか、傘とかで身を覆って、彼の怒りの納まるまで待つより他にないのである。

雷さんは臍を抜く、これが鳴り出した時、裸でいると子どもたちは誰もいわれた。それだから衣の上から臍をしっかりと押えもしたのだ。だが雷が臍が好きだった訳ではなく、まよけの衣で身を覆わせたい親たちの切実な思いからくる一種の脅しだったのだろう。

綿帽子

家の真裏にあるのでウラノエと呼んでいた家のおばあさんが、よく真綿作りをやっていた。たらいの中に水を張り、小さいイーゼル状の木枠で出来たものを押し立て、自分は根木に腰下ろして作業をはじめる。チョンチョンチョンと煮てふやかした繭の表面を叩いて、その叩いたところから口を開けざまに片手にとり、中のさなぎを取り四角の木枠にのばしかける。木枠は四〇センチに四〇センチ位あっただろうか。

この手つきがなかなかに楽しい。長じて私も真似をしてみたことがある。長姉から二つ繭をもらって灰で煮、木枠はなかったので、五本の指を広げてそれに引っかけた。こうしたやり方もあるのだそうである。手を枠にして、何枚か重ねたら、そのまましぼって乾燥させる。

簡単なものだった。繭を袋に入れたまま灰と一緒に煮るのも、みぞれ雪のようになった繭を口開けるのも、引っくり返して手枠にはめるのもである。おばあさんの見るのは、枠はめるのも四隅にばっかり糸が寄らぬよう引張りかけるのが難しいようでもあり、神経を使うようでもあった。

さて、読者はこれを材料にしたという綿帽子の被ったところを見られたことがあろうか。そう、時代劇などでは見ていよう。花嫁はこれを目深にかぶり、後ろ衿もかくれるほどに深くたっぷりと、まるで袋をかぶったようになる。今はつのかくしなどという名前もおかしい、髪の横ちょにちょっとかけるだけになった。もちろん前者を省略して形だけとなったものだろう。

この綿帽子の材料が真綿であるらしい。綿は破けてボロボロになるが真綿は、布団の半分ほどに伸ばしても切れることがない。綿も布もあったらしいが、真綿はもっと使われたようである。

ところで綿帽子をかぶるのは花嫁ばかりではなく、人が死んで葬式にかかわる女たちもである。新潟の西部、安塚町二本木で春谷きくのさんはいう。

「身についた人、白モク着て綿ぼしかぶる。白モク着たら必ず帽子かぶる。『白モク着た人何人いた』などと評判しあう。綿ぼしは買う。夏はあついのでネレという絹のかぶる」

同町樽田の明治二六年生れの松野エソさんも、これとまったく同じだ。

「綿ぼし、綿に糊つけて作ってあった。買う。白モクとこれかぶる。綿ぼし夏は暑いのでネレという薄い絹のものかぶる。綿ぼしかぶらない人はもっと簡単なチョットというのをかぶる。一巾の絹で左右縫ってたたみ込む、頭にちょっとのせる」

ちょっとかぶるからチョットと名付けられた、これもツノカクシ同様省略されたものだ。各地に広がっており、表はリンズで裏は木綿だったなどともいう。かぶったところがちょうど坊さんの帽子のようになる。

隣り村、牧村高谷の岩崎マツエさんの話も同じようだが、なお細部にわたる。

「綿ぼし、中は綿のようだが上は真綿、たっぷりと大きく、後ろは、肩がかくれるぐらいに長い。前はマユゲがかくれるほどにかぶる。白モク、白い長着を一枚上に羽織る。いい家では中から白モク。後ろに曳きずる長さなので行列では裾まくってあるく」

綿ぼしの大きさはどこもたいてい似たものであったらしい。ずっと南の壱岐、芦辺町湯岳で江坂さんも、前は額下、後ろは帯のあたりまで来るといっていた。葬式の時は血の続いたもの、女は綿ぼしかぶる。今はリンズで作ってあり、これは今でも（昭和五七年現在）かぶるそうだ。

婚礼の時と同じ品を葬式にもかぶるというのは、九州の一帯でも広く聞くことだ。

ところで、ここに綿帽子をかぶるもう一人の人がいる。生れたての赤ん坊である。

長野県の北部のあたりはたいていそうなるのであるらしいが、小川村の高山寺で宮尾しづよさんは、生れたばかりのボコには真綿の帽子をかぶせる。うまく手でさばいて、帽子のようにするという。

同じ村稲丘で松沢さだえさんによると、その作り方、へりをつまんでしばり、袋のようになったのを、底に穴をあけて、その穴をひろげて帽子の形にする。生れたばかりの子にかぶせるのだと。

これも、いい真綿のさばき方に違いない。

同じく長野市七二会橋詰のはるのさんやら中条村三ケ野のきいさんからは、七夜まで綿ぼしかぶせる。夏でもやることだと聞いている。

もう一つの例があった。私の今いる秩父では、三日のせっちんまいり（便所まいり）にはじめて外に出すのだが、袖もないさらしの着物に衿だけ赤布をつけたのを着せ、頭には真綿をさばいた綿ぼしをかぶせるのだ。

せっちんまいりやはじめて外に出す折の子の出で立ちといったら、火墨を塗ったり、金物を携えたり、頭からすっぽりかくれるよう着物をかけたり、まよけの力ある銭を首にかけたりと、お祓いの行ひたすらなのである。

この生れたばかりの、力皆無の赤子と、その子どもをもたらし、繁栄をもたらす、したがって、それみ、妬みを受ける頂点にある花嫁と、家族の一員を奪い去ったところの死神から逃れる必要がこの者等にはあった。帽子をいただいて彼らからかくれたのである。白がまよけの色だったからなおさら効果が大きかったのであろう。

湯まき

腰巻は別名ユマキとも呼ばれ、ユモジとも呼ばれる。

ある時、国語辞典でどんな解釈になっているのだろうと広辞苑を開いたら、ユには湯を当てて「湯巻」、「湯文字」としてあった。

「ゆ・まき（湯巻）①貴人が入浴の時身に巻き、またそれに奉仕する女が上に覆い着た衣。多く生絹を用いたが、後には模様のあるものを用いた。」

たしかに貴人は湯に入る時も衣を身につけることはあったのだろう。だが、湯に入ることも稀な、ほとんどの一般の人はどうだったのだろう。据風呂などはない家ばかりが多く、夏の間は水で体を洗ったり、川で水を浴びた人たちがである。この人たちは、替えの腰巻を持つよりは、洗濯するにも余分なものは持たないというほどなのではなかったかと思う。

私には直ちに子が生れた折の、

「三日のゆ、七日のゆ」

が思い起こされる。私ばかりではなく、「いわい」の項を見た後の読者なら同じことであろう。その中でも触れたが、「ゆ」というのは「いわい」であるらしいのだ。

新潟の村松町山谷でなどは、生れて三日目の「三日のよ」というのが「三日のいわい」だとはっきりいっている。

「嫁が来たからようてやれ、ようてやれ」

などという。この日は里から着物などを持ってくる。

新発田市上荒沢の高橋うめのさんも「三日のよ（いわい）には、里からかいもつ（おはぎ）と着物持ってくる」と聞かしていたものだった。

同じ十日町市落水で「三日のよ」は、とらげ婆さんや、ごく近い親類など呼んで簡単ないわいをするというし、長野の小川村高山寺では「三日よ」にマキ招んで簡単に祝するというから、これもいわいの意味だろう。

長野の高森町でも「ミツメノイワイ」と、イワイなることをはっきりいう。小豆飯をたいて神棚に供え、頭つきの膳を生れ子にも供するそうだ。子のいわいはミツメと五日と、七日だそうである。

さらにまた、新潟県栃尾市新山では正月であるが、鮭のひれ（頭を切り落した次のところ）を串にさし、その上に尻尾をさして大神宮さまのところに立てるのであるが、その串を、

「二〇日ゆの昼に下ろして皆に少しずつ分けてくれる」

という。これなども完全ないわいだ。

ところがここに「三日のゆ」、「七日のゆ」を湯ととって湯浴みをさせるところがある。

富山県平村見座で石田さんがいう。

「子生れた時と、三日のゆ、七日のゆにお湯浴びさせる。三日のゆまでは布にくるんでおいて袖通さない。三日のゆすんでからオブギ着せる。母も同日腰湯つかう」

魚津市東城で谷越フミさんも、

「火の傍で生んだ。生み落してから、部屋に行って寝る。長女今四六、長男四二、子生みはみなこうした。オビアガリは六日、その間はオビヤにいる。三日のよと六日のよと子どもも母親も湯を使う。干し葉入れて、風呂つかうとゆっくりして乳の出もよくなった」

石川県門前町六郎木では、

「三日のゆ、六日のゆに湯浴びさす。スベ敷き、ボロ敷いて生んだ」

小松市大杉の宮田こんさんは、

「三日のゆ、なんかのゆに、塩入れて浴びさす。母の腰湯にも塩入れる。格別の行事はなし、産婆もいなかった。家の者だけ浴びす」

物知りの産婆がいて、この話も道理に合うように考えられ、広まったのかなど考えていたが、そうでもなさそうである。

ともかくイワイ（斎い）が先か、ユ（湯）が先かということであるが、生れ子に湯浴みはそれほど必要な訳ではなかったらしい。熊本の相良村初神で高田マサ子さん（明治三三年生れ）もいっていたものだった。

「三日のユアビセまでは古着物に巻いておく。生れてから晒で縫ってこの日に着せる。三日のユアビセ以降はあまり湯も浴びせん。かぜんつくで。

一方イワイ（斎い）の方は生れてすぐからはじまり、三日のあとは一週間しないと浴びせん」

三日とか七日が特に厳重になされるのだ。病気がこの頃にはじまり、生死も大体わかるというのであろうか。

ユマキのユにも同じことが起ったのではなかろうか。「湯巻」ではなく「斎（イワイ）巻」ではなかったか。腰巻が斎い物であったことはすでに述べているが、女はいわいのために、腰を守るために、蛇の子（カミの子）を孕まないように腰に巻くのであった。たとえ、私共に湯を浴びる習慣がなくっとも、ユマキ、ユモジ（女房ことば）のことばはあったのだろうし、一方腰巻の方はその出来た当初から（はじめは紐であろうと）いわい物の性格を持っていたのである。

前掛け

前掛けにいわくのありそうなことは、以前から感じていた。それでもつまらない迷信とばかり最初の二、三回は聞き流したのかも知れない。それが昭和五七年に渡った山口県萩市大島ではっきり作り方を教わったので、改めて只ごとではないと思い知らされた。

大島で話してもらったのは、小池ツネさん（明治三五年生れ）がさも手なれた風で布を前に只今前掛けの縫い方を教えるところだとばかりに全ぼうを語ってくれた。

名前は三巾まえかけという。絣で三巾をはいで作る。一巾は普通三〇センチだから縦は三枚はぐことになる。そのはいだ終りの方、裾は四寸開いたままにし、赤布で玉縁に縁どめにし、ここはムシドメと呼ぶ。

つまりムシドメは二本出来る勘定である。

それから両裾を八、九センチ表側向けて折って三角にし、端を黒糸で縫いつける。さらに三角の上には、矢印か、鳥の足のような、図を刺す。

この三角は昼寝した時、蛇が下に入らない呪いだという。またもし入った時は、その三角のところでつまめば出て来るという。

前は腰までの着物に腰巻をしめていて、それに巻く。一まわりして間がわずかにあくだけである。後ろではなく、横の方で結ぶ。戦争頃から着物の丈が中切り（長く）になって、一巾前掛けをするようになった。また戦争からモンぺをはくようになったという。

道理で、ツネさんが実物を見せてやろうにも品物がなかった訳だ。これは昔のものなのである。まして現在は洋服になって、三巾前掛けは完全に姿を消したのであろう。

他の人たちがいうには、三角をつけるところは同じ、ツネさんが教えるムシドメは下までずっとつける人もいたが、上部にだけ短くつけ、また、紐をつける際につける人もあった。地が絣というのも同じ、玉縁にする布は必ず赤を使った。

ところによって、三角を止める縫い取りも異なったのであろう。相島という西に離れた島の人たちは、両側を三角に折ったところを、赤や黄、青など二色の糸でかがっていて、派手でよく目立ったと、これはそめさん（明治二二年生れ）の話であった。

さて、私が、前掛けには常にない、特別さを感じたというのは、この三角のまよけと称するものであった。どこでもこれは聞くのである。萩市の西隣の長門市通でもこういっていた。

「三巾前掛けは、どうでもはな（端）を三角に折る。蛇入った時、そこでひき出すという」

女はどんなに下の穴から蛇に入りこまれるのを恐れたか、そういうことは滅多にあることではないのだろうが、その先に進もうとばかりする蛇を遮るものだといわれれば、一も二もなくこれに従おうというものである。

　広島の美土里町助実でさとのさんもいっていた。

「子どもも大人もマエダレする。その裾角を小さく折りまげ三角にする。下の穴から蛇入った時、そこでつまみ出すという」

　九州長島ではこれが腰巻だ。これはヘコと呼んで、

「ヘコ、両隅を二センチぐらい三角に折り、縫いつけておく。蛇が入った時そこでつまめば出るという。昔の人はどうでもこれをやっていた」

　長島汐見の川添さなさん（明治三五年生れ）である。

　腰巻がいわれのあることは知れている。火事に振られ、大水、津波に振られ、生れたばかりの赤ん坊を包み、これらを夜に連れ出す時には、頭からすっぽり腰巻で覆う。その腰巻に赤色がのぞまれていたというところを見れば、まよけに力ある赤によっていると思われるが、要するに腰巻は、迷惑なもの、寄ってもらって困るものを遠ざける、祓いものなのだ。

　女がなぜ腰巻が必要だったかは、鬼子や、得体の知れない魔性の子を孕まないためであり、腹にしめ縄を張るように、神の子の入るのを拒んだのだ。

　ところが、前掛けにも、腰巻と同じような任務のあったことが知れる。生れたばかりの子は、袖も通

さず、品物のようにしばっていることが多いのだが、母の腰巻に包む他に、前掛けにしばるところもあるのだ。三重芸濃町下垣で落合こうさんは語った。

「生れて七日までは二巾の前掛けに包んで紐でくくっておく。七日目にテトウシ着せる。はじめの二人ぐらいの子はそうした。テトウシは柄物の表に女は裏が赤、男は黄にする」

前掛けに子を包むのは能登や富山でも頻繁に聞く、こちらは二巾の前掛けである。背中に着せるような形に紐を前にもって来てバッテンにし、子はあぐらをかかせた格好でしばり、おむすびのようにちょこなんと坐らせておく。これは産婆さんが包んでくれる。産婆さんは三日と七日のユヤアガリにも来てこれをし、母親は子に手をかけない。乳を飲ますだけだという。

前掛けには紐もついていることでその点では便利だ。だが便利なために前掛けが選ばれているとは思えない。元々、魔を祓う品物であるために、いちばん力の弱い生れ子が頼ることにもなるのである。

かぶり物

奄美大島にくっつくようにしてある加計呂麻島の野見山というところでたまたま出合った葬式は、私が旅をするようになってから、はじめて見るものであったろうか。何でもかでもが珍しく、棺を打ちすえる木の枝とか、棺を担ぐ四人の男たちの白い肩布や女の何人かの防空頭巾のように縫った帽子を想い出す。わけても珍妙なのは中の年寄った婦人の人がこうもり傘をかぶったことだった。

その日は決して陽のさすような日ではなかったのである。それどころか、雨も降るかと思えるくもり日で、わけても日ぐれも近いような刻限であった。

こうもり傘の婦人は黒の喪服に白い帽子、それにこうもり傘でさあさあとばかりに列は進む。島の集落も小さいが墓場も村外れにあるだけで小さく、その間音もなく、かけ足のさまで墓場まで行くのだ。

そんな日に何故傘をさすのかといぶかしんだが、隣、西阿室まで来た時に尋ねてみれば、何のことはない、ここでは親子、兄弟は男女ともに傘をさすのだという。

奄美大島の本島、大和村名音でもいっていた。血の濃い者、親子、姉妹ぐらいが傘をさす。改葬の時も出そうになると、女たち何人でも重ねるように傘をさしかけるのだそうだ。

もちろんこのこうもり傘の前は番傘であり編み笠であったのだろう。

山梨県の芦川村中芦川ではいっていた。送る者男は全員編み笠をかぶる。寺に備えてあり、二つにたためる。

遠く離れた福岡の大島でも同じことである。

「葬式に血の継がる男は編み笠をかぶる、女は綿帽子、編み笠はトリオイの被るような二つにたたんだもの、顔が見えないようなる。普段は被らないもので仕事の折被るのは竹皮のテコンバチ」

頭から被衣をかぶり、または編み笠をかぶるのは葬列に加わる者ばかりではない。死人すなわち棺もそのようなのだ。

静岡の中川根瀬沢で聞けばピーピー笠（タガサとも、ピーピー風で鳴るのでこの名がある）埋めた上に置く。笠の上、鎌つき立ててあると。

岐阜の美濃市奥板山になると、これは番傘になり、葬列にそれを持って行き、墓標にしばり置くという。

これらも元は編み笠であったのだろう。和歌山の熊野川町小津荷でなどは、棺の上にミナチガサをのせて運んだ。

その笠を死人に被せるところもある。島根県溝口町福島などでは、死人には簑を着せ、笠を被せる。笠は竹ヒゴで十字に組み、それに紙を貼ったものだそうだ。もっともこの笠も元は笠そのものを使ったのであろう。日光（溝口町）ではタコロバチという、竹骨に筍川を貼ったもの、普段使う古いのをかぶせていたともいう。

残った者たちが墓まいりをする人に当座は笠をかぶることをいうもので、小浜市谷田部などでは七日まで毎日まいるのに笠かぶってだといい、対馬の厳原ではそれが四十九日続き、こうもり傘をさしたといっていた。

よっぽど死人、および家族の者は、空から来る何者かの目を恐れたのだ。

さて、この世にかさをかぶる要があるというなら嫁さんもなのだ。これも北から例を述べてみるなら、

「カサグワといって嫁がしきり（敷居）またいで入る時笠を頭上にさしかける。」（宮城県女川町野々浜）

このように東北では多く婚家に入る時にさすことがいわれるのだ。

「婚家に入る時マンジュウ笠をかぶせかける。」（宮城県牡鹿町長渡浜）

「笠かぶせかけ、タイスツ一本屋根放り上げる。」（福島県西白河郡西郷村真名子）

「婚家に入る時からかささしかける。その下こゞって入る。」（千葉県長狭町新井）

「ミミついている。嫁入りの時つけ、こうもりかぶる。嫁どりは冬だけ。」（新潟県東蒲原郡上川村高出）

「おこそかぶって、蛇の目さした。」（新潟県南蒲原郡下田村曲谷）

「家出る時、婚家に入る時、傘さしかける。仲人さん、人力で来た。」（鳥取県西伯郡中山町塩津）

「昔は嫁入りは日が暮れてばっかり、提灯つけて、自分は隣部落から、日が暮れ方に出て来た。こうもり傘さして、それで日暮れてから傘さしているのなど見ると『ちょうど祝言のようなな』という。」（鳥取県西伯郡大山町鈑戸、たねの　明治二五年生れ）

「籠で、国実（次の部落）で借りる。大振かごだった。ジケ内（同部落）から来た。縁先でおろし、ちょっとの間、蛇の目さしかける。」（鳥取県東伯郡赤碕町高岡、高力万代　大正六年生れ）

「嫁に道中水かける。柴とか笹などで、嫁はこうもり傘かぶって来る。」（熊本県人吉市田野）

嫁には、泥を投げたり、雪玉を放ったりする。それで蛇の目やらこうもり傘はこれらを、避けるため

と見られることもありそうだけれどそんなことはないのであって、豆打ちなど座に坐った嫁さん向けて打つのである。じけ内から来るのに籠に乗ったり、馬に乗ったり、はたまた婿家に入る時だけ人の背に乗ったりと行方を晦ましたがっているかに見える。

傘をかぶる三人目はこの嫁さんたちが子を産んだ時、産褥の間にいる時である。

これは全国的なことであるからよく知れているだろう。昔の便所は家の外にあるのが常だった。その座敷をあるくのさえ草履を別にしておいて、編み笠を被ったりして用を足す。

家の内には笠も置く処でないようで、笠のように編んだ蒸籠に敷く台座をヘワと呼んでこれを被るとした地方もある。

例えれば、

「オビヤあく位まで外の便所行く時必ず編み笠かぶる」（岩手県釜石市唐丹、ひさえ　明治三三生れ）

というのだし、

「一時間休んだらコヤに移る。赤子は人が抱いて、産婦は笠かぶって、一週間か一〇日すごし、コヤから家に帰るのはコヤアガリという」（福井県三方町常神、ハル　明治三三年生れ）

こんな次第だ。

葬式の際の死人及び会葬者のかぶり物、また同じようなる嫁入りのかぶり物や、子を産んだ際の体の覆いものが要るなどいずれも共通のところだ。

もちろん、生れたばかりの子どももこれに加わる。つまり、葬式と嫁さんと、赤子との三者の共通が見られるのだ。

ついでに赤子の被り物の例も述べておこう。いずれもおしめや親の腰巻の例であるが、着物の場合は「うつかぶせ着物」とか「かぶせ」と称して盛んにかぶせているのである。これらの着物も、腰巻やしめも紐のついているところが便利だったかも知れないし、いささかの魔祓いの意味があったのかも知れない。

「腰巻状のしめしをしていた。腰に一巻してしばる、前はだいさして用便させる。赤子夜外出させる時はこれをすっぽりかぶせて、紐を母親のおい帯になどはさむ。夜には出さないものだとするが、止むなく外出する時にする」（岩手県田野畑村島越）

「すめし、裏つき、紐つき、夜出る時これかぶる。『何でもよける』という」（岩手県宮古市小角柄）

「赤子、夜連れ出す時『わるい風に当るとわるい』といって頭におしめをかぶせて行く。生れて三三日ぐらいまで」（愛媛県津島町横浦、むめ　明治三七年生れ）

「はじめて里に行く時、シメシをかぶせる」（生月島壱部）

八　口つけて飲まぬ

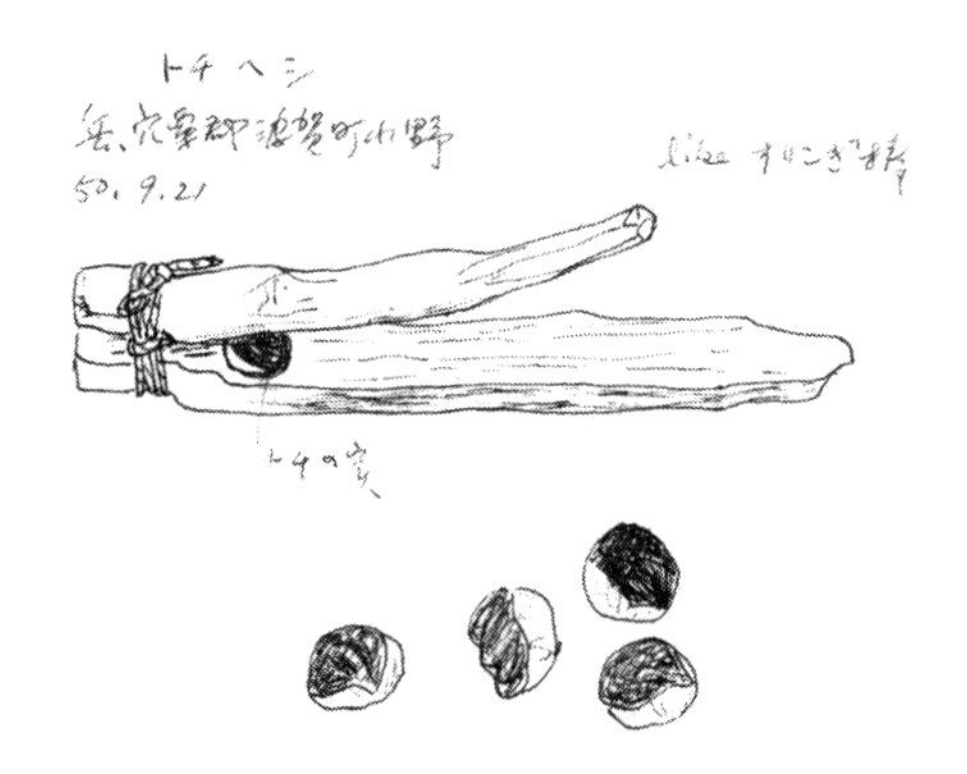

口つけて飲まぬ

「山で水を飲む時、『カメモー』といってから飲む、あたらぬ」

整理カードを見ると、こう聞いた最初は、岡山県の東、次は兵庫県になるという、西粟倉村長尾の小椋フサヨさんからで、昭和五〇年のことである。

その頃は子どもの遊び専門に集めていたので、呪い唄などをたずねた折だったのだろうと思う。ずいぶん変った呪いだと思った。

ところが、後年、というのは右よりも七年後の五七年なのであるが、岡山の隣県鳥取の南、関金町泰久寺で山白きくさんにこう教えられている。

「山などで水に口つけて飲む時、『モー』といって飲むとあたらん。牛ァどっからでも口つけて飲むだけん」

どうやらこの辺り、似た呪いが施されるものなのだ。

他にこの項に関するカードは二枚、一枚は新潟県北部の上川村九島の五十嵐かくよさんによる。

「はじめての水のむ時、なむあみだぶつと三回唱えて飲むとあたらない」

というのと、山梨県早川町新倉の、

「知らないところの水飲む時、口中で三回かんで飲む」

それぞれ五六年と五九年のものである。山梨南端の早川町では、役場で知り合った望月さんに宿の世話もお願いし、そのお母さん、ウラ子さんから右もうかがったのだった。

材料はこれだけである。でも私の場合はたまたま出合ったものを書き集めておいただけで、もし、これを話題としていたならもっと多く、ほとんど全国的規模で集まったのではないかと思う。青森の人の書いた『砂子瀬物語』（森山泰太郎、津軽書房）にも、

「山に入ると、のどが乾いても谷川の流れにじかに口をつけて飲まぬという。必ず杓子をこしらえて飲む。フキ、ブドウ、ホウノキ葉などで、木の葉のないところでは手ですくって飲む」

との趣旨が見えるし、四国高知の人、桂井和雄『俗信の民俗』（岩崎美術社）にも、

「妊娠中川水に口つけて水を飲むものではない。」（吾川郡吾北村）

とあるからだ。

今の私たちにも山を流れてくるせせらぎや崖からしたたり落ちる水の流れなどを口中にすると、蛇口から出る水道の水と違って粗さを感じる。人によってはその中に微生物の姿が見え、彼らのさんざめき、転がり、波にのって運ばれる様子も見えるだろうし、それだけに突く前のトコロ天のように張りのある堅い水の勢いも感じられるのだろう。

以前の人たちはここに彼らの望まぬものの魂の入れこむことを恐れたのだ。その住み家たる山などではことにそうだっただろうが、彼らがその水と共に体に入ってこないとは限らないではないか。ここは一呼吸おいて絶縁体たる杓子や手で受けて口に入れることとはなったのだろう。

もちろん大昔の人たちは、入れ墨や墨をいただくなどで体じたいにまよけを施していたと思われるし、それにすくい取られることは、すなわちお祓いを施したことになったのであろう。

わけても、最後尾の「妊婦は川水に口つけて飲まぬ」はうなずくこと多いのである。初誕生のまよけの品物を並べたてることを見ても、一年たってさえかくのごときなのであり、妊っている女たちは、その腹をかくし、彼らのつけ入る隙を与えないよう身を持さねばならなかったのである。

妊っている女と、子を生んでからの産婦とでは違いもあるが、このことは私に次の次第を強く訴えかける。北の青森や岩手では、産婦は水を飲めなかった。岩手県野田町新山の大正三年生れの婦人は「俺は四〇日飲まなかった」と、少し自慢気に話してもらったこともある。

この人たちの食事の粗末さ厳しさは全国的なことで、今にその時の苦しさを笑い話にして打ちあけるものだが、お菜は焼き塩に味噌漬、それにお粥や二(ふた)炊き飯、お産があるというと大根など漬け物を用意しておかねばならないが、その大根漬も炙ってくれたところがある。たまにりんごを薄切りしてくれたりもしたが、それも火に焼いてだったという。

不思議は「ふた炊き飯」というもので、一度飯に炊いたものを再び鍋にとって二度炊くものだ。

これで彼女たちの禁忌のもとが見えないか、つまり、火を通すことが必要とされたのだ。火はまよけには最高のものだった。おそらく天のひ（陽）ともつながってその力が大きいのだろうが、生れた子をその火の色（赤）で包むのだけでもそれは知れるのだ。

産人は大事にされた。昔は産で死ぬ者が多かった。安産が多いのだが、またとんでもない事故などでむざむざ死を迎えることも多かった。その死神にとられないような手だて、まよけを構じて守られたのだ。

いちばんまよけに強い火の傍で産をするのをはじめ、食べ物もこの火を通した。塩さえも焼き、味噌漬さえも火に合わせ、米の飯もそれだけでも充分なまよけなのに再度火を通した。生水がいけないのなどは当然だったのだろう。

そもそも私たちが煮たきをするようになった起源は、まよけの火に合わせて、迷惑なもの等の飛びさった後に安心して体内に納めるということから始まったかも知れないのである。

水に関してもう一つ、死んだ時に与える「死水」もある。本人に飲ませるものなら、何も死んでからやるのはおかしい。それでなくとも死骸の扱いは、縄をかけたり、小さいところに押し込んだり、骨を折ったりと、骸はとりかくしに躍起となっているのだ。

死んだというと、枕元に水を置くところもあるし、ミズサカズキといって、会葬者全員がでたちに盃の水を飲むところもある。棺を担ぐ者がかわらけに水を飲む地方もある。火と同様にこれもまよけの水だったのではなかろうか。

豆（一）

奄美大島諸島の加計呂麻島で出合った葬式で、棺を、用意した木の枝（後に聞いたらトベラ）で、はっとするばかりに打ち据えるのを見て大いに驚いた。しかし、これは彼の地ばかりでない、さまざまなトベラに替る品物を耳にするのだ。

まず水がある。棺が家から出た時に水をぶっかける。棺にはざんぶりかけないけれど、棺の出たあとの地面に誰もよけないでいられないようにぱあっと撒きかける。

次に塩、これは棺に振りまいても差支えないとばかりに振りかけるし、杵を持ち出して棺を打ち据える真似をするし、道中砂を打ち、米をまく。

これに豆を打つところがある。

山口の川上村江舟で五〇代の婦人たちの教えくれるのはこんなだ。

「棺を家からかつぎ出した後、座敷に豆をまく。それから掃く」

しかし同じところで明治三〇年生れの婦人は、

「炒豆、ぱらんこぱらんこ棺にまく、願ほどきといって」

といった。

その隣の旭村大下では、

「出棺の時、棺に豆まく、年頭などがする」

同じところで、

「棺かいて出る時、一升枡に豆少し入れて出、棺にかかるようにまく」

これは四国の方にまであるのだ。愛媛県三崎町のみつえさんは、

「炒豆を茶碗に入れたの持って出、縁から出ようとしている棺に豆つかんで打ちつける。その後茶碗を棺に叩きつけて割る」

これは隣町、瀬戸町塩成では、茶碗に入れたのを棺のところに飾っておき、棺が家を出しなに茶碗ごと縁先の石に投げつけて割り散らすのだった。棺に打つのはあまりにあからさまで、こんな形になったのであろうか。

熊本県久住村小路では、棺を出したあと、座敷に豆をまいて掃き出すのであった。

豆まきといったら私たちは節分の豆打ちばかりを思うが、人の死の折にも死人にとり付いて行こうとする、迷惑極まりない相手を祓う必要があるのだろう。

さて、豆を打たれるのは死人ばかりではなく、もう一人花嫁もいる。新潟などでは、座敷に坐った花

嫁に、「ゆわぎましょう」などといって一升マス入りの炒豆をぶっつける。中ほどの上川村丸渕でだと、結びの時、うたい唄って酒のむごとに三回、一升マスに入れた豆、勝手の手伝い人、男女ともに大勢でぶっつけるそうだ。最奥の室谷では、村の子全部が豆分けてもらって結びの席の嫁様に打つと聞いた。このあたりでは結婚式は冬ばかり、道中の花嫁には「いわいます」といって雪玉ぶっつけるのだ。

三重でもこの風同じようで、やっぱり座敷に坐った嫁に、または「三々九度の盃の時に」「いわいましょう」などと叫んで打つ。一方、嫁が家に入って坐る前に打つ（白山町家城）というところも、また、家に入ったところで、内にいる親類などの男が豆打ちつけるという、美杉村上多気のような例もあるのだ。

「嫁ご菓子」とか、「嫁土産」といって、豆と米の炒ったのを嫁が持ち行ったり、親戚に配ったりする例も岩手や宮城には多いが、これは右の風の形変えたものであろうか。山梨の芦川村中芦川では、嫁が式後着物を替えてから、ヒジロ（いろり）で豆を炒り、皆で食べるという。

これまでも折ごとに述べているように、花嫁も、生れたばかりの赤子ほどではないにしろ魔ものにつけ狙われる存在らしくて、それをよけるためのさまざまな策略がとられるのである。だから除けごとの切実な折は、まず、それにじっさいに見舞われた、人の死の折、お産の折の母子、そして花嫁、これがたいてい一対となって同じまよけが施される。

それでは豆打ちの場合、赤子に対してのそれはないではないかといわれようが、豆打ちはないにしろ、豆の守りは先刻受けているのだ。背中に縫いつけるお守りには、米粒が多く入れられるものだが、これに豆を入れるところもある。入れるではなくて、豆を縫いつける地もあるのである。

南会津や西会津ではイナギとか、エナギといって、おぶった子の上にひっかけておく着物を作る。この背に糸で通した大豆をつけた。

西会津町安座の石川ひさ子さんが説明してくれるイナギ、

「晒巾（三〇センチ）だけのもの、前をその半分に切り、前衿開きを三角に切って、それを後ろにまわし大豆三粒を針で通して縫いつける。取上げてくれた人、二一日のいわいに持って行く。着物着せた上からかけとく。いつの間にやら豆はなくなる」

舘岩村でも、エナギは晒で衿だけは赤色、背中に豆三つ、五つぶらんと下げるといい、隣、伊南村耻風でも衿だけは赤色、その上に豆を五粒貫いて下げ、赤子しばらくの間はうぶった（背負った）上さひっかけておくという。

その他、生れてすぐに炊くウブメシに石と共に豆を添えるところがあり、「枕」と称して生れたばかりの赤子のそばに豆や小豆の入った袋をおく。

房総半島勝浦市浜行川ではバッテンヂャノコというものを、人が死んだ時と、子が生れた時と両方に炊く。豆炒ったのを箕の中、マスの底でこすり皮をとり、塩少し入れて炊き、ぶくぶくいったら豆まぜて炊き上げる。葬式には、通夜の客に食べてもらい、子が産まれた時には産まれてすぐに作る。話し手のはつさんは、「急いで作るからバッテンヂャノコというのだろう」という。飯に炊くというのではなく、生れてすぐにうぶ飯をたいた時に豆を炒り、見舞に寄った人たちに食べてもらうというのは、山梨から、岐阜の方まである。

いずれの場合も、豆は米に代るものである。たとえば、節分でも黒米を豆に混ぜるところもあり、最後のウブメシに豆を入るというのも美濃市などでは米をまぜるのだ。二つは恐らく穀類ということでまよけの性が買われているのであり、その意味では豆は米の先輩格、米が手に入る以前には当然豆がその任に当っていたのだろう。

ひたすらなるまよけにあう人々が、死人、お産をした母子、花嫁だといった。もちろんこうした人々の他には、節分に見るように年中の行事もある。一年のうちの最大の行事である正月には、私たち皆が食べる黒豆もあるのだった。

豆（二）

達者さ、健全なさまをいうのに「まめ」というのがある。真室川音頭の、

酒田さ行ぐはげ　まめでろちゃ
流行り風邪など　ひかぬよに

の「まめ」であるし、

一生この子の　ねんころろ
まめなよに

の岡山地方の子守唄にある「まめ」である。

これについては幾つか説もあるようだけれども、私にしたことなら「まめ」は文字通りの豆のことかと思う。

豆は大変に育てやすい植物である。大して土地も選ばない。私の村などでは「畔豆」といってどこの家でもたいてい畔も休ませて置かずに豆を作った。歩幅ごとにちゅなかぶというちょうなの頭をしたような小道具で穴を開け、豆を入れたら足かこの道具で土をかけ、目印の意味か肥料か、灰を一摑み、なければ籾を一摑みのせておく。

これはどうも畔(くろ)塗りをして、あんまりかたくなる前に埋めるのだろう。私たち子どもは畔を渡りながら、ぶるぶる震える土の動きに足をとられたり、細い畔の、今出かかった豆の芽を踏んでしまってから気をつけたりする。しかしこれは鳥にでも見つからなければ、植えただけ育つのである。子どもぐらいが踏んでも、地面が柔いこともあろう、曲がっても折れることがなく、そのなりでまた立ち上がる。

こんなに足蹴にされながらも育つのであり、まして畑にある豆等やはである。これは肥料も多くはいらない。根に菌腐菌というのが自分で肥料も併せ持っているのである。

それにあの太った芽、種子じしんが大きいのだから、その芽の大きさも当然と思われるが、種子そのままを頭にのっけて伸び出して来るあたり、他にはあまり思いつくものもない。芽立ちがもやしとして食材になるゆえんである。

米は一粒が万粒といわれるほどに数を誇った。豆は数はそんなでもないが、健全さだけは比べるものが他になく、病気を受けつけず、まいただけのものは確実に実をなした。

その丈夫さをたとえて人の健康にもこの植物名をいったのではなかろうか。勢い強いものや、子沢山はまよけになっている。相手と面向けて、勢いの強い者が勝つのだし、幾らやられても代りの続く子沢山も、こちらに有利なカードを持つことになるのである。

ついでといってはなんだが「まめ」の語源も考えてみたい。

私の村では「まて」という語が使われる。「まてに草取りをする」といえば、「忠実に、念をいれて」という意味である。「まて」は漢字にするなら、手を尽くしての意味の「真手」であろう。まめも、真の芽（またはミ）、芽の中の芽という趣で使われているのだと思うのだ。

豆腐

房総半島の東海岸の中ほど、岬町下ノ原でつねさんやらなみえさんに話を聞いた時のこと、人の死のことをいうのに特別なことばはあるだろうかと聞いたら、

豆腐汁が出来た

というのだと教わった。

葬式には豆腐汁がつきもの、人が死んだとはいわずに、「あっこで豆腐汁が出来た」という。それを聞いて笑った。

豆腐が大変な御馳走だった頃、人の死に必ず食べられるとあっては、そうもいいたくなるし、まあ、他の御馳走と違って確実なものだったのであろう。

これより少し南の勝浦市浜行川のいちさんには、また吹き出さずにはいられない強烈なもののいいを聞

いた。

豆腐汁食いたいば親ころせ

私の山形の村などでは葬式というのだけではなく、結婚式も正月も普通と違ったまつり日にも豆腐は欠かさないもので、村に一軒あった豆腐屋のお婆さんは、冬期など箱を背にして廻って来るものであった。だがこの辺は葬式に限るのである。

それで葬式にはどんな豆腐のつけ方がなされるかというと、まず墓掘り人たちが食べることで浜行川では、墓掘り終って奴豆腐で酒飲むというし、岬町下ノ原では、豆腐一丁と、酒一升と煮物など持ち行き食べるという。穴掘り人に酒と共に豆腐を届けるのは、栃木南部の壬生町から粟野町、北端の大子町、福島北端の熱塩加納村など広くである。

次いで入棺の折にも、それに携わる人たちが豆腐を食べる。福島の南部の西郷村や鮫川村ではさいの目に切ってというし、静岡の御前崎に近い小笠町や、大東町では、豆腐一丁生のをつつき、酒をいっぱい飲み、それからとりかかるという。

その他に「出たち」といって葬列が出る前に会葬者一同にも食べてもらうし、終ったあとの膳には豆腐の料理が並ぶ。栃木市尻内などでは、葬式（年忌も）の時だけは豆腐を三角に切ってハチハイといってカンピョウと一緒に煮て出すそうだ。

岐阜の瑞浪市白倉では、その料理以前の生、夏でも冬でも冷豆腐だという。

壱岐では葬式から帰っての膳には、三角に切った豆腐を揚げて出すそうであるが、対馬上県町湊でだと「一升豆腐といって、葬家でこしらえ、ヒジキ煮た上に長四角に切ってのせるという。

こんな具合で「豆腐汁出来た」も、「豆腐汁食いたいば親殺せ」の戯れごとが生れることにもなるのであるけれど、しかし豆腐が登場するのは、私の田舎村のようにこればかりではない。先にいう房総半島などでは、葬式に使うものと、これだけ名が売れているからだろう、結婚式には使わないといっていた。しかし、伊豆の下田市広岡で治子さんによると、ここで嫁どりの膳には豆腐の長四角のもの生で二切れつくそうだ。決して凶事の食べ物ではないのである。

それに月が満月から、ずんずんに欠けて三日月になった時も、三日月さまにといって豆腐が供えられた。岐阜の久瀬村津汲でまつをさんが教えるには、

「三日月拝むと、その月の災難のがらしてもらうといい、お互いによばり合って（忘れるので）拝む。

旧暦三日の月で細い細い月」

掛川市水垂、西山では、毎月三日月に豆腐を縁先などに供えて拝む。水垂では、この日豆腐屋さん自転車で配りに来たそうである。

子どもの遊び唄にこういうのがある。

一つ人々は明日のお顔がたよりね、二つ舟こぎアお舟がたよりね

と続けて、

三つ三日月　お豆腐がたよりね

よっぽど三日月さまは供え物の豆腐を力にされたようである。

豆腐の役目の何か悪いものを祓うところにあることを端的に知らせるものは、次の一項である。

世にコトという十二月八日と二月八日の精進日がある。コトと呼ぶ行事名はおかしいが「除けごと」のコトなのであるらしい。なにしろ送り物といって、「風の神やら」、「コト神さま」やら、「ことこと婆さ」やら、また「やりましょやりましょ出雲の国の大やしろ」など大騒ぎをして逐い立て、人形など蹴ころがす大祓いの日なのである。

この日、福島県の南部から茨城にかけてはどんなことをするかといえば、豆腐を串にさして戸口にさすのだ。そのやり方、福島県矢祭町の栗生の小田ツネさんの場合、

「師走八日と二月八日、カヤに豆腐とニンニクさし、ニニクドウフといって戸口にさし、庭先にメゲ

エ（目籠）出す、メゲエはせんざい（植木）などにかけておく」

隣、塙町田代のスミさんの話では、豆腐は四角に切ってニンニクと串ざししたのを道の十文字、十文字に持っていくそうだ。家では籠を出し、この日は山に行くなという。

福島に続く茨城の大子町では、大生瀬西区の石井正雄さんが、

「カンチク（手籠など編む小さな竹）に、ニンニク薄切りしたのをさし、上に豆腐角切りにしたのをさし、戸口戸口にさす」

と教え、同町下野宮で滝田こうさんは、

「しわす八日と二月八日、ニンニク薄切りと豆腐串にさし、かどば（家入口）、かどばにさす。豆腐ない時は大豆さす」

と教える。

これほど丁寧にしなくとも、この日豆腐を食べるとしたのは全国に広く、岡山県安波村などでは「八日どうふ」といって田楽にして食べ、嘘がはげたなどいうし、鳥取の日南町阿毘縁では、この日の田楽は山椒味噌をつける。これらはさきの戸口にさすの型から省略されたような印象をもつが、串ざしは西にも広がっているのであり、静岡の西端、水窪町のあたりにもそれが聞かれ、二月八日と一二月八日に、豆腐を四角に切り、串にさして入り口の両側にさしたという。

これは節分のヤキカガシに相当するのである。串ざしをして、目籠を出す地方のなど、まるっきり節

分の行事と変らないであろう。

三日月にまよけの豆腐を持ち出すのも、月がだんだん欠けていって、暗闇になるのを恐れたのだろう。月や太陽の日蝕、月蝕にも、人と同じようにこれらが魔ものにとられるのだ、病むのだといってさまざまなまよけが施される。

さて、豆腐がなぜまよけの品たるかは解らない。まよけに力ある「豆」のひきであるのかも知れない。それとも謎々に「四方白壁」といわれるごとくに、その白い色であるのかもしれない。

白い色はまよけの色であった。夜の闇に対して日中を象徴する故であったかと思う。

こうした白の中で豆腐の白さは王者格だったのではなかろうか。布も紙も、これにかなう白さは出せはしない。

同じくまよけの赤飯の小豆の赤、鯛や海老の赤と自然界に求めたように、求められる限りの白さであったのに違いない。

敷居

正月二〇日にはおかしなことをする。敷居に灸を据えるというのである。人にも据えるのであるが、枡をかぶったり、すり鉢をかぶったり、その外側てっぺんにもぐさを置くという珍妙な形である。笑いながら聞かせる経験者は多い筈だ。

私の村にこの風習はなかったので私は知らないが、東北には広いようである。宮城県雄勝町船越のとよのさんに伺えば、

「正月二〇日、もづくさ（ヨモギ）を採んで塗椀の糸尻さ盛り、火をつけて入口のシギリの上さ置く。シギリ焼だといって、これをすましてから家族の頭の上から体などに糸尻にのせたまま、なぞるようにして『頭やまないように』とか『肩やまないように』とか唱える。子どもにはやってやる。二〇日ヤギしてから御飯（夕飯）食べらいよなどいう。ハツカヤギトといった」

塗物の椀などとやさしくなっているが、これより少し南の牡鹿町鮎川などになると、一升枡なのである。ハツカヤキというのは共通。

この名前、新潟の栃尾市新山でだとハツカユになる。ユはイワイ（斎い）のユであろう。

島根県掛合町多根では、

「この朝、玄関の敷居の上灸すえる。それからでないと出入りしない」

「二〇日は山の神さんが木数えさっしゃる。えらい早よう出るもんでない」とこのあたりでのもっぱらの評判なのである。

ここで、隣、吉田村菅谷から嫁に来ている婦人に、里での子どもの頃の話をうかがった。

「ハツカショウガツ、槍を戸口に立てる。玄関のシキリ（敷居）、昔は高いシキリがあった。それにまたがってかがち（すりばち）を両手で頭にかぶしかけた。そのてんこに灸を据える。『病気せん』という。神さんのすす（猪）狩りに出さっしゃるで、行き合いに合うといけんけんといって山にはいかない」

二〇日ではなく、一二月八日とか二月八日の一般にコトと呼ばれる日に行うところもある。（この日はコト始めとかコトしまいとかいわれていて節分に似た大いなるまよけの日なのである）

山形県小国町大石沢では、一二月八日と二月八日と両方やることで、ゴンボッパ（山ごぼう）やよもぎの揉んだのを戸口の敷居の上で燃しておいた。この日「洗たくもの干すな」といったのは、やはり、外行く魔ものに触れられか何かするというのだろう。

新潟県の東部、上川村の丸渕でも二月八日、玄関の敷居ぎわで線香をたく。燃え終るまで戸開けるなという。

敷居のことについては、前々からさまざまな習いの中に登場して不思議な思いをさせられて来た。例えば、病気の折にもそれが出てくる。宮城県志津川町戸倉の西条みさをさんはこういった。

「悪病はやった時など、入口の敷居の下掘って卵まるのままと豆だったか小豆だったかを埋める」

みさをさんは、

「それもしづごとだべ」

といったものだったが、つまり、まじないとかまよけというようなものなのだろう。

また、ヤンメ（病目）がはやると、福島県の塙町前田のタケさんが聞かすように、

「ヤンメしょわないように、ヤンメ家に入らないようにと、家入口の敷居の上に灸すえた」

病目というと、島根県平田市塩津のヤメコゾも想い出される。ここでは敷居は出て来ないが、かがつ（すりばち）かべらせてその上に灸すえる。「ヤメコゾうつらん」というのだった。

奈良の十津川村出谷で千代子さんは、

「後産おりない時、ケゴミシキ（玄関敷居）のゴミを水に入れて飲む」

とまで教えるし、静岡の春野町野尻では、雷が鳴ったら敷居の上に線香立てた。

兵庫県の香住町下浜では、節分の豆を入口敷居の下に埋けとくのだ。

こうしたことよりも、もっと頻繁に敷居のことを聞くようになるのは葬式の折である。出棺後豆を炒って敷居際に埋めるのである。これは福井県の敦賀市から海に伸びる立石半島、その南の三方町、小浜市、名田庄村、続く丹後半島で等しく聞くもので、豆を三粒か、七、八粒門口敷居の外側に埋ける。三方町向笠や名田庄村では、この時豆とカミソリともいうのだ。カミソリだけはシアゲ（七日）にとるなどいう。

こうまで敷居のことが出てくると、いくらぼんやりしている者でも、敷居の持つ独自性を思わない訳にはいかない。こんな風に考えてみた。

かつて人々が出入口が一つしかないような小家に住んでいた頃、内と外とを別ける部分はひとえにこ

こに凝縮されていた。守りの受けた内側から外へ向けての出口、外の怪しい空気にまみれての、油断のならない外出から、それを振り払っての安全な内側に入る入口。まよけの品々は、ここ玄関の入口部にまとめ置かれるものであり、人々はこれらの祓いを受けて家の内に入ったのである。敷居もこの一翼をになうものではなかったろうか。

つまりは内と外とを分けるへだての道具立てではあったものの、今一つつき進んで、もっと積極的に悪いものをふるい落すためのまよけの品であったのかも知れない。岩手などでは敷居をサエギと呼ぶ。サエはサエノカミなどと同様「塞え」で、これなどを見ると、どうしても右のように思えてくるのだ。それにしても敷居についてはさまざまな俗信がある。これを踏むな、などもその一つ。岩手県の海沿いの山田町大沢では、

「サエギまたがんな、サエギ踏む者は、その屋の旦那の頭さのぼるみたいだ」

といっていた。

私の子どもの頃もそうであった。敷居は決して踏まないものと教えられていた。子どもの頃には、前にもあるような高い敷居の家があり、幼い者には、またぎきれないというようなのもあったけれど、それでも敷居を踏みつけにすることは考えていなかった。秩父に来て農家を借りて住んだ時、都会から来た子どもはもちろん、大人も平気で踏むのに、ひどく驚いた覚えがある。

中で火をたいた頃は家は二百年も、三百年も保つ、玄関の敷居はその間にみぞが深くなって、その上

踏んだりしたら拍車がかかり、親たちは家が滅るのを心配したのだろうぐらいに思っていたが、そんなことだけではあるまい。敷居を外の悪をさえぎってもらう入口を守る神様扱いにしていたのだろう。

三角

対馬の北部の上県町（かみあがたまち）伊奈で美しい門飾りを見た。その南の女連（うなつら）から久原、宮原などでも旧家らしい家入口の門構えは立派にあって、唐草の模様が施されていた。ここに来て改めて美しいと感じたのは、その門が新築したてのものだったからであろうか。

その門構えには、唐草模様もある、家の紋章のようなものもある、気になる蕨紋などもある。だがいちばん目を引いたのは、横一列に並んだ三角紋、ぎざぎざ模様であった。きれいに三角に彫をいれてあり、それに墨も入れているものだから、その三角の列が目立ち、いわばジョーズの口中に入る気持、刺山の祓いを受ける心持ちである。このように島では、門が家にくっついたのが多い。

だいぶ前、山梨の早川町奈良田で深沢せんさんのお宅を訪れたさい、ミミンコウとかいって、正月やまつりののぼりの下につける三角の三つ続けて縫ってあるのを見た。たしか正月トンドの時に奪い合いをするとか、多くの女たちが中に籾がらを詰めたものを奉納するとのことであった。この時もどうして三角なのだろうと思ったことだった。

秩父の小林寺というお寺に詣ったら、ここでも三角に縁ありそうな形象を見た。正面賽銭箱にくっきりと、その前のまん幕にも三つの三角と白の一つを組み合わせた三角型の紋章があった。

しかし、私の三角に出会った最初は愛知県の北設楽村の博物館であった。ここの館長の沢田久夫さんのお母さんはまだ存命で、それの縫ったものだとのことであったがテトウシと呼ぶ初着である。その背に赤い糸で三角形が縫い取られていた。

当時はまだ三角について関心を持っていなかった。どうして丸でも四角でもなく三角なのだろうかと思った。

ところが、子どもに関してのこの三角たるや盛り沢山なのであった。

加計呂麻島の薩川や阿多地では、生れ子の着る初着に、赤布で三角袋を縫い、中に米三粒と、長命者の白髪を入れて、初着の背につける。このままずっと着せておくそうだ。

沖縄の与那城村伊計で善助さんの奥さんの教えるのはこれはマブイ（魂）といって中には何も入れないが、三角に折ってはしを縫い、衿下につける。

広島の比和町越原でも、赤ん坊のハンコ（袖なし綿入り）の衿下に三角袋に大豆三粒入れて縫いつけたというし、同じ町で、豆は知らないが三角をつけていたと語る人もある。

『隠岐島の民俗』（島根県教育委員会編）によれば、ブギ（初着）には、白布や赤で三角袋を縫い、一文銭や豆を入れていたと見える。

そうそう、千葉県の沼南町手賀を歩いた折、婦人二人に話を聞き、布で三角の形にし中に綿を入れたのを一ツ身の着物の背に一歳になる位まで縫い付けていたという。それにウブスナ（八幡神社）のところにある淡島さまにはこうした三角のものがいっぱい奉納されていたというものだから、私は行ってみたが、今ではその風なくなったものか、掃除でもすましたばかりなのか一つも見当らなかったのだ。

初着でいえば全国的に不思議ななしようを聞く。衿元を開けるのに三角型に切り、それを後ろに持って来て、赤糸なり、白糸なりで縫いつけておく、というもので、三角を背に負った形ながら、前の三角の袋を縫う手間をはぶいた形と見える。

それに初着に限らないのであり、『さがの冠婚葬祭』（豊増幸子、佐賀新聞社）などを見ると、「産枕といって藁を入れた三角のものを用いるところもあった」と見える。これにはやはりまよけの、米やら小豆やらが入れられるのである。

母親たちの前掛けや腰巻に、これを縫い置くことは先刻述べておる。

この他にも正月のマエダマに三角の餅を吊るすところもあるし（岩手県普代村黒崎、長野県穂高村塚原）、正月の餅を飾る時いちばん上に菱餅をフクノモチと呼んでのせるところもある（滋賀県信楽町朝宮）。奈良県十津川村小川のこまさんの里の家での雑煮は、椀中に四角の餅、その上に三角に切った豆腐、わきに青菜をのせるものだった。

房総半島のあたりは節分の焼きかがしに鰯の頭と大根を三角、ちょうどおでんのこんにゃくのようなのをのせるのである。これも餅を三角にするような意味合いのあるものだろう。天津小湊町奥谷でとめさんにどうやって三角にするのだろうとうかがえば、何のことはない、ケーキを切る時のように、十字に、また斜めに十字にと刻みを入れるのだという。ちょうど三角になる。ここでは、節分にはグミ・豆木・トモベラ（トベラ）焚くのだそうで、いずれも臭いや音でまよけの植物である。

五月節句のちまきも、一年中吊り下げてまよけにするところがある。三角にしばってどちらにも角が出たようにするのも多いのであるが、平戸市野子のカラマクラダンゴなどもそのとおりで、ダンチク（ダテク）の葉をもって巻き、シュロの葉を裂いたものでしばり、山口さんたちの云いよう、「どの面も角尖り、三角ようになる」これをのぼりの下に二つずつ下げたそうだ。山梨でのぼりに下げた三角そっくりだ。

葬式の時でも、会葬者の膳につくおひらなどに豆腐の三角に切ったのがつくなど珍しいことではないが、死人もかぶり、列の人も頭につける額紙も三角ではなかったか。これは男性ばかりでなく、女性もそう、会葬者全員手にするところが多く、山梨の早川町上湯島でいくのさんがいうのに、女はたたんで髪にピンで止めたりするという。半紙を三角に二つに折り、それをさらに二折りしたものだと。

そういえば対馬の上県町久原で葬式に出逢った。こちらでは簡単な輿に棺をはめる型で、これを青竹で担ぐのだが、その輿の下に鳥居と共に波型が黒で描かれていた。

山口の長門市通では、寺の縁の下に、細長い、五〇センチに三〇センチぐらいの縁のついた木の箱があり、その縁にぐるり波形の紙を張り巡らせてあった。中に生団子をのせ、それを頭上にかづくのだという。

三角模様は、終りのない渦巻き、それの変った形かと思える。巴型や、卍（まんじ）、それからまた連続模様の唐草などと共にまよけの形象だ。古代から墓などにはことに使われているのだろう。近頃読んだ『古代日本の美と呪術』（上原和編、毎日新聞社）にはこんなことが書かれていた。

いわき市の中田横穴には赤と白の大きな連続三角紋があり、二、三百米離れた古墳からは男子像の埴輪があり、冠帽、籠手、腹部、背部、裳裾にくまなく赤い横帯の連続三角紋……。その他家形や翳（さしば）形の埴輪にも赤い模様の連続三角紋があった。

ノブドウ

昭和五〇年、九州は熊本県五木村下谷で、不思議な門守りを見た。植物でつる性、枯れた葉が二、三枚なおついており、それが玄関を入るかもいの上、身をのばしたまま横に掲げられている。その屋の主、たかさん（明治三一年生れ）と、キミエさん（大正四年生れ）にうかがうと、オンビカズラ（ノブドウ）だという。

土用の丑の日にオンビカズラを葉ごと切って来、入口の両側に釘打ってそれに張る。「一（いっ）ときはここそいって忙からしか」これは、タカさんの言だ。二人はオンビカズラの特徴もいって、つるての巻きつく力が強く、引いたら、むこうの枝ごととれてくるとも説明してくれた。下谷の集落八軒、前はどこでもやっていたとのことだ。

ノブドウは御存知だろうか。平地のいたるところにあり、ブドウとは名ばかり、食べられずに、そして色だけは空の色を映した青から、白、群青、紫の濃淡となかなかに美しいのだ。もっとも美しいと見たのは私なども大人になってからで、子どもの頃はブスブンドと呼んで近寄りもしなかった。これには、ザトウメとかメクラブドウなどの容赦ない呼び名が多いのである。

さて、五木村では全体にこれが見られるようであった。次にまわった田口のスガさん（明治三一年生れ）も、

「はやり病の時、ほりさん頼んで祈禱し、縄を部落入り口に張る、縄にはカミジャカキ小枝はさむ、各家ではオニノメカズラ張った」

スガさんの里は高野の先のてつひらというところ。三軒あるだけの集落だったが、やり方は同じだったという。

竹川でも話してくれた婦人は、

「はやり病に戸口に張る。オニガネブ（ノブドウ）は、カンネ（クズ）に劣らんごとほこる」と教えた。

どうしてノブドウがお守りになるのか、私にはさっぱりわからない。だが、いわれのある草らしく、他では節分などに顔を出すのである。

静岡の西、隣は愛知県になる水窪町門桁では、節分にガヤ（榧）いぶしたのに、カマエビ（ノブドウ）のづる切ったの添えて、庭へ入るところの一ヶ所に立てる。カマエビは、節ごとにつるを巻いている。節を中にして切るのだという。

これらのカマエビのエビはエビヅルのこと。これは高いところでないとなく、カマエビは向かいの山の縁などどこにでもあると。

旧暦だと、節分は正月行事とも重なることになり、その門松をとった後にバリバリ（榧）とカマエビのづるをさしたと教える人もある。

ただ白花さんが教えたように節を中にして、節と節の間を切ること、同じである。

まだある。岐阜の根尾村下大須では、これも節分で、バイ（榧）の枝とイワシの頭、それにオニノケマツリといって、鬼の毛を巻くのだといい、カラスブンザ（ノブドウ）の巻きづるを各入口にさす。

「巻きづるを」といい、「節を入れて切る」といい、力が強くて巻きついた「向こうの枝ごととれてくる」というあたりがまよけのヒントになるのだろうか。くるくる巻いた巻きづるは、節ごとに出ているのである。

これは薬にもされている。ほんとうに薬効があるのか、それともまよけの性あるせいで薬にされたのかはわからないのである。

いずれも目をついた時の薬だ。

ンマブドウ、手の横巾一つに茎を切り、人に力いっぱい吹いてもらう。（茨城県水府村棚谷）

サルブドウともブスブドウとも、茎の白い汁を目を突いた時などの薬にする。（佐渡・羽茂町飯岡）

はらい目（草、カヤなどの目を払う）にカマエビ茎の汁吹く。（静岡市井川）

目突いた時、インガラミの茎の汁吹き込む。（壱岐石田町君ヶ浦、福岡県玄海町池田、地島白浜）

ファジラマケのつる一〇センチほどに切り、できものに吹く。（沖永良部島）

斎藤 たま（さいとう・たま）
1936年、山形県東村山郡山辺町に生まれる。高校卒業後、東京の書店で働く。
1971年より民俗収集の旅に入る。2017年１月没。
著書に『野にあそぶ』（平凡社）、『南島紀行』『あやとり、いととり』（共に福音館書店）、『生とものの け』『死とものの け』『行事とものの け』『ことばの旅』『秩父浦山ぐらし』『ことばの旅１（鶏が鳴く東）』『ことばの旅２（ベロベロカベロ）』（いずれも新宿書房）、『村山のことば』（東北出版企画）、『落し紙以前』『まよけの民俗誌』『箸の民俗誌』『賽銭の民俗誌』『わらの民俗誌』『便所の民俗誌』『野山の食堂』『暮らしのなかの植物』『旅から』『子どもの言いごと』（いずれも論創社）ほか。

新まよけの民俗誌

2023年1月10日　初版第1刷印刷
2023年1月20日　初版第1刷発行

著　者　斎藤　たま
発行者　森下　紀夫
発行所　論　創　社
東京都千代田区神田神保町2-23　北井ビル
tel. 03（3264）5254　fax. 03（3264）5232
http://www.ronso.co.jp/
振替口座 00160-1-155266
装　幀　中野浩輝
印刷・製本　中央精版印刷

ISBN978-4-8460-2225-9　C0039　Printed in Japan